東大生が教える

13歳からの学部選び

東大カルペ・ディエム

監修　西岡壱誠

JN019110

星海社

254

SEIKAISHA SHINSHO

はじめに

「あなたは、なぜこの学部を志望しましたか？」

みなさんは、最近この質問の頻度が高くなっていることを知っていますか？

この本を手に取った人には、大学受験をぼんやりと意識している人が多いでしょう。だからまずは大学受験のリアルからお話ししようと思うのですが、先に結論から言うと、「あなたは、なぜこの大学・この学部を志望しましたか？」という問いがとても大事になってきています。

まず、受験のタイミングで、推薦・ＡＯ入試がある大学はこの質問を必ずされます。推薦・ＡＯ入試を導入する大学は近年急激に増えており、一般的な試験よりも、推薦・ＡＯ入試で合格する人のほうが多い時代になりつつあるのです。そしてその時に、「なぜこの大学・学部なのか？」という初歩的な質問にさえ答えられないような人は、どの大学でも必ず不合格になってしまいます。

昔であれば、そういう「大学で何をしたらいいか」がわからない場合は、試験の点数のみが見られる一般入試を受ければよかったです。

しかし、最近では、一般入試であっても、出願の際に「あなたは、なぜこの大学・この学部を志望しましたか?」というアンケートが出されます。もちろんこれは、合否とは関係ないただのアンケートとして出している大学もありますが、そう表記していない大学は、合否の判定に使う可能性が高いのです。

「なぜこの大学・この学部を志望しましたか?」

という問いは、とても大事になっているのです。


では、なぜ最近になってこのような質問をする大学が増えたのでしょうか。その理由の一つは、「早くから大学・学部について考えてほしいから」でしょう。ここで、早くから真剣に学部選びをするメリットについて、一つ例を紹介します。

東京大学には「進学選択」(通称「進振り」)という独自のシステムがあります。これは、全ての学生が大学入学後に二年間かけて教養課程でさまざまな学問を学び、本格的に研究したい分野をしっかり考えた後で進む学部を決める制度です。この進振りのおかげで、東大生の多くは自分が進んだ学部での学びに満足しています。

しっかり学部選びを考えることは、受験の成否のみならずその先の生活の充実にも結びついているのです。

もっとも残念ながら現在、日本の一般的な環境では、学生の将来を左右する学部選びのための充分な時間と情報が用意されていないのが実情です。同様の制度があるのは北海道大学や筑波大学、国際基督教大学などごく一部の大学だけです。

このことは受験の裏技としても、大学生活を充実させるためにも、そして心から勉強を楽しむためにももったいないないと思うのです。

何を勉強するかわからない状態でただ大学受験の勉強をするのってつまらないですよね。でもそれは、運動系の部活で言うところの「準備体操」「走り込み」「筋トレ」をしている状態でしかありません。「筋トレめっちゃ楽しい！」って人はあんまりいないですよね。

逆に、大学に何がしたくて入るのかしっかり考えた状態であれば、高校生でも中学生でも、勉強のモチベーションが湧くのではないでしょうか。たとえば13歳の段階から、「将来この学部で勉強してみたい」と想像できていたとしたら、勉強はもっと面白いものになると思います。運動系の部活でも筋トレだけでなく、全国大会出場を見据えてシュート練習や練習試合をして勝ったり負けたりする経験があれば、きっと「楽しい！」と思えるようになるはずです。

「将来、こんな楽しい勉強ができるから、今、みんなは勉強しているんだよ」ということがわかるようになると、勉強に期待が持てるのではないでしょうか。

しかし、大学のことって、あんまり調べても出てきませんよね。大学のホームページを見ても、「多様で主体的な学びができます」みたいな、あまり具体性のない言葉が並んでいるだけで、何を学ぶのかがわからない場合が多いです。

「なぜここで学ぶのか」が聞かれるけれど、調べてもあまり何を学ぶのかわからないことが多い……そんなギャップがあるのです。

だからこそ、私たちはこの本を作りました。

大学生たちが実際にその学部で勉強していることをまとめたのがこの本です。どの学部の学生がどんな勉強を楽しんでいて、何に興味を持っているのか、大学ではどんな経験ができるのかを明確にまとめて、あらゆる人が主体的な進路選択をするための本。それが、「13歳からの学部選び」なのです。

この本では、現役大学生が大学で学んでいることを紹介していきます。

学部の分け方は、大学によって大きく異なります。そこでこの本では、日本で一番初めにできた大学である東京大学の分け方に沿って、それぞれの学部での学びを見ていきます。

この本を作るにあたって、それぞれの学部に所属する現役大学生33人にインタビューをしてきました。インタビューの内容は、実際の授業で得た知識や、それをもとにどんな課題・研究をこなしているのかについてです。中には、実用化に向けた最先端の研究をしている学生もいます。

大学生が学んでいることと聞いて、難しいんじゃないの？　と思った人もいるかもしれませんが、大丈夫です。全41項目全て、「中学生でもわかるように説明して！」と念を押して、その学問の面白さを語ってもらいました。

大学での学びをかなり具体的に語ってもらったため、どこの大学でも全く同じ学びができるとは限りません。あくまで、「大学にはこんな勉強をするところもあるんだな～」というイメージで読んでもらえればと思います。

自分の興味のある分野だけを読んでもよし。最初から通して読んで、興味のある分野を探すでもよし。大学生の学びをのぞきにいきましょう！

西岡壱誠

目次

第5章 文学部

第1章

経済学部

経済学部は、ヒト・モノ・カネ・情報の動きを捉え、経済が回る仕組みを学ぶ学部です。経済を回している主体をざっくり分けると、家計（家庭・個人）、企業、政府の三者となります。それぞれがどのような役割を担っていて、どのように経済活動を展開しているのかをさまざまな観点から研究しています。

経済学は主に、「マクロ経済学」と「ミクロ経済学」の二つに分けられます。マクロ経済学とは、政府、企業、家計を合わせた全体の経済の動きを捉えていく学問です。国の経済成長率や失業率、消費者が購入する商品・サービスの価格変動を示す物価指数などのデータを駆使しながら、経済を大きな単位で考えます。一方で、ミクロ経済学とは、家計や企業といった小さい単位での経済の動きを捉え、商品・サービスの価格がどのように決定され、どのように行きわたっているのかを調べる学問です。マクロ経済よりも狭い視点から分析するということですね。

また、古典的な経済学では、「人間は合理的な行動をする」ということが前提とされていました。しかし、その常識をひっくり返すこととなったのが、行動経済学という学問です。行動経済学によると、人間は時として非合理的な行動をとってしまうと言います。行動経済学での知見は、マーケティングなどにも活用されています。

さらに、経済学部では、経営学についても扱うことが多くあります。経営学とは、企業に焦点を絞って、どのような経営管理をすると成功できるのかを考える学問です。時間やお金をどのように使えばいいのか、社員が働きやすい環境とはどういったものか、などのテーマについて考えていきます。

この章では、行動経済学、経営学、財政学という三つのトピックを紹介していきます！

行動経済学

800円のお弁当の売り上げをよくする簡単な方法とは?

選択肢がいくつもあった場合、よりお得な方を選ぶのが当然だと思いますよね。しかし、人間は必ずしもこのように合理的に判断するとはいえないと唱える学問があります。このような、これまで経済学で前提とされてきた「人間は合理的な行動をする」という常識を覆し、人間が非合理的な行動をとってしまう理由を明らかにした学問が行動経済学で、さまざまなビジネスシーンで活用されています。ここでは、行動経済学を学んだ大学生が学問を実際にマーケティングに活かした経験談を通じて、経済学部での学びをお伝えしていきましょう。

どんな分野？

経済学では、「人間は合理的な行動をする」ということが当たり前の前提とされていました。例えば、損得勘定を考えた時に、少ししか得しない行動よりも、多く得する行動の方を選ぶということですね。しかし、この前提を覆したのが「行動経済学」です。

行動経済学とは、人間が非合理的な選択をしてしまう理由を、心理学と絡めて考える分野です。行動経済学を創始したダニエル・カーネマンは、「プロスペクト理論」を発表したことで、2002年にノーベル経済学賞を受賞しました。

プロスペクト理論とは、不確実な状況における人間の考えや行動について説明した理論で、人間は得することよりも、損することの方を過大に評価するという傾向を明らかにしました。具体的に説明しましょう。以下の二つの選択肢があったら、皆さんはどちらを選びますか？

①10分の1の確率で10億円が手に入る
②必ず1000万円が手に入る

それぞれで受け取ることができる見込みの金額を計算すると、①は1億円、②は1000万円です。つまり、①の方が合理的な選択です。

しかし、実際には②を選んだ人も多いのではないでしょうか？　それは、10分の9の確率で何も得られないという損失を過大に評価してしまっているからです。

このように人間の非合理的な行動の理由を説明するのが行動経済学です。人間の行動の理由を考えているわけですから、とても心理学に近い分野だと言えますね。実際、その研究手法も心理学と似ています。一般的な経済学では数字や数式と向き合うことが多いですが、行動経済学では心理学実験を行い、人間と向き合いながら研究を進めていくのです。

どんな授業や研究をしている？

ここまでの説明で、「これってほぼ心理学じゃん！」と思った方も多いかもしれませんが、これがなぜ「行動経済学」として扱われているかというと、この研究で得られた知見が、経済におけるマーケティングやマネジメントに直結しているからです。二つほど、私たちの生活の中で活用されている行動経済学の具体例をご説明しましょう。

一つ目は、マーケティングに役立つ「極端回避性」というものです。例えば、音楽のコンサートの席が、S席12000円、A席7000円、B席3000円で販売されていたとしましょう。どの席が一番売れると思いますか？　実はA席が一番売れると言われています。このように、真ん中のものを選ぼうとする傾向を、「極端回避性」と言います。

他の例で考えてみましょう。お弁当屋さんで、1000円、800円、500円のお弁当が売られていたとします。1000円のお弁当なんて、気軽には手を出せないですよね。しかし、この1000円のお弁当が選択肢にあると、その次に高い800円のお弁当がよく売れるようになるのです。マーケティングの観点からメニューを考えるときに、どんなに売れなくても、1000円のお弁当を用意しておいた方が、最終的な売上は高くなるわけですね。

他にも、マネジメントに役立つ「上昇選好」というものもあります。

もし1日10時間のアルバイトを10日間行うとして、選択肢が以下の二つだとすると、皆さんならどちらを選びますか？

①時給が一律2000円のバイト
②時給1500円から始まり、1日ごとに100円ずつ時給が高くなっていくバイト

最終的に手に入るお金を計算すると、どちらも2万円になります。しかし、②の方がモチベーションが高くなるのではないでしょうか？　このように、だんだんと良くなっていくことを好む傾向を「上昇選好」と言います。組織のモチベーションを維持する方法の一つとして活用することができます。

大学生が学んでいること

行動経済学では、これまで紹介したようなさまざまな理論を学んでいきます。さらには、それらがどのような場面で役に立つのかを考えるのも、理解を深める上で重要です。ここからは、行動経済学で学んだ理論を、出版に関するインターンの仕事で実践した大学生Aさんのエピソードです。

Aさんは、ある著述家の二作目の本を出す企画に従事していました。さて、どんな企画

にしたら、二作目の本をよりたくさん売ることができるでしょうか？

Aさんが使ったのは、「おとり効果」というものです。これは、一つのものに対して買うか買わないかを考えるよりも、複数の選択肢を提示されてそこから一つを選ぶ方が、最終的に買う確率が高くなるというものです。商品開発などでもよく、選択肢を一つだけではなく複数作ることで、より売れやすくなると考えられています。

この理論をどのように活用したかというと、二作目の本を完全新作として出すのではなく、一作目からのシリーズの次の一作として出そうと考えたのです。そうすれば、一作目か二作目かという選択肢が生まれ、どちらもより売れるようになるからですね。

このようにして、行動経済学の知識を駆使した結果、二作目の出版は成功したそうです。

この学問を学びたい人へ

この項で取り上げたどの理論も、感覚的にはごく当たり前なものばかりだったのではないかと思います。その当たり前を感覚ではなく、根拠を示して説明できるようになるのが行動経済学の魅力です。

経済学の中でも新しい分野だからこそ、まだ発見されていない理論が多く存在しているはずです。自分で新しい理論を見つけたい！　という人にはおすすめの学問です。

経営学

気持ちよく活動するための「引き継ぎ」の仕方とは？

社会の経済活動を広く扱う経済学部の中でも、より「個」に注目した学問が経営学です。経営学では「会社の経営をよくするためには何が必要？」というように、実際の企業を題材として経営について考えていきます。その中でも、よりよい経営のために必要な「引き継ぎ」を糸口に経営学をご案内しましょう。ある仕事の担当者が代わるとき、仕事内容はしっかり引き継いだとしても、人間関係を把握していないと仕事がしにくい……なんてことは、社会ではよくある話です。では、人間関係についてはどこまで引き継げばいいのでしょうか？　実際に働いている人にインタビューをしながら考える大学生の研究を紹介します。

どんな分野？

経営学では、実際に存在している企業を分析して、よりよい経営の仕方を考えていきます。

経営学の中でも、国際的に展開している企業を対象に、他国での経営について考えるのが国際経営学です。国際経営学ではさまざまな分析をもとに、「マーケティング部門は海外支社に任せて製造開発は国内で行うのが良い」といった、日本と海外の両方に視点を置いた時のより良い経営を考えていきます。

経済学部では、データを扱ったり、数式を用いて計算をしたりすることが多いですが、経営学は少しイレギュラーです。実際に工場に行って現地の様子を調べたり、働いている人に会いに行ってインタビューをさせてもらったりするフィールドワークによって調査を行っていくことが多いのです。もちろんデータや数式を用いて分析をすることもありますが、フィールドワークで調査をするのは経営学の大きな特徴の一つでしょう。

どんな授業や研究をしている？

大学生のうちは、すでにある論文を読んでこれまでの研究について学びます。そして、論文で提唱されている理論を実際の企業に当てはめて考えることで、理解をより深めていきます。

例えば、「規範的圧力」という言葉があります。これは、社会全体に「これってやらないとダメだよね」という意識が広まった時の、「やらないと！」という圧力のことです。この圧力を受けて企業がどんな対応を取るのか、その対応がどんな結果につながるかなどを考えていきます。

規範的圧力についてのこれまでの研究としては、「アメリカのA州でB条例が定められたときに、企業はどう対応したか」というテーマがありました。

この規範的圧力を、一例としてSDGsに当てはめて考えてみましょう。SDGsとは、人類がこれからも地球に住み続けることができるように、2030年までに達成しなければならない目標のことですね。「貧困をなくそう」「飢餓をゼロに」といった目標が十七個掲げられており、現在世界中で取り組まれています。

このSDGsを題材に規範的圧力について考えるとしたら、どんな問いが立てられるでしょうか？　思いつく例として「日本の多国籍企業が、SDGsに対応している度合いが、企業のどのような部分に反映されているのか？」という問いがあるでしょう。

実は、この問いを実際に分析した大学生チームがあります。そのチームでは、SDGsへの対応度合いを、各企業が出しているレポートにSDGsという言葉が出てくる頻度と定義して、調査を始めました。そして、SDGsという言葉が出てくる回数と、企業を評価するさまざまな指標との相関関係をみていきます。

その結果はこうです。まず一つ目は、「女性役員の割合が高い企業ほど、SDGsへの対応度が高い」というものです。女性役員を登用しているということは、SDGsの目標の一つでもある「ジェンダー平等」に感度が高いということで、つまりはSDGsへの感度も高いのではないかと考えることができます。

二つ目は、「経営者が変わったばかりの企業は、SDGsへの対応度合いが高い」というものです。経営者が変わった時には、前の経営者との違いをはっきりさせようとする傾向があるのがポイントで、その一つの方法としてSDGsに取り組むという選択をする経営者が多いのではないかと捉えられます。

三つ目は、「ＳＤＧｓへの取り組みが盛んな国に子会社や拠点を持っている企業は、ＳＤＧｓへの対応度合いが高い」というものです。これは、現地の消費者のＳＤＧｓに対する関心が高いからですね。まさに、現地で生まれている「規範的圧力」に押された形で、ＳＤＧｓへの取り組みが推進されていると考えることができます。

大学生が学んでいること

ここからは、留学中の大学生Ｂさんが、実際に現地で働いている人にインタビューをしながら進めている研究です。

Ｂさんの研究はある問題意識から出発しています。それは、人々が気持ちよく職場で働ける仕組みが、必ずしも整っているわけではないということです。

例えば、駐在員という立場を考えてみましょう。駐在員とは、日本の企業に所属していながら一時的に海外に転勤となり、海外で働いている人を指します。「一時的に」とあるように、頻繁に人が交代する役職だと言えます。交代が多いということは、引き継ぎがどれだけしっかりできているかにより、仕事のしやすさが左右されるということですね。

もちろん、仕事に関する引き継ぎはマニュアル化され、しっかりと引き継ぎできるようになっています。しかし、一緒に働く現地の人たちとの人間関係についてはどうでしょうか？

わかりやすくするために、部活動や学生団体などで引き継ぎをしなければならない場面を思い浮かべてみてください。指揮の仕方やお金の管理については、もちろん引き継ぎをしますよね。しかし、「1年生のあの人とこの人は仲が悪いから、同じチームにしない方がいい」「2年生のあの人は定期的に精神面のケアをしてあげた方がいい」というような、人間関係に関することはなかなか引き継ぎしにくいと思います。文面としてマニュアル化するわけにはいかないし、口頭で伝えるにしてもどれくらい細かく言うか迷ってしまいますよね。

これと同じことが、駐在員の引き継ぎの際にも起きているのです。そこでBさんは、留学先の国で働いている駐在員の方にインタビューをしながら、現状どのようにして引き継ぎが行われているのか、そしてどのような引き継ぎの仕方なら仕事がしやすくなるのかということを考えていくそうです。

この学問を学びたい人へ

経営学の分野ではフィールドワークやインタビューを用いて研究をすることが多いと先ほど述べました。働いている人に話を聞くことは、自分のキャリアを考えることにもつなげられますし、「経済には興味があるけど、数学や数式は正直苦手……」という人でも、選びやすい分野であると言えます。

経営学では実際の企業を題材にして考えていくからこそ、より実践に即して経営を考えていくことができます。第一印象では成功しているように見える企業も、実は生産工程に課題があるかもしれません。このように企業の裏側を知ることができるのは、経営学の面白さだと言えるでしょう。

財政学

このままでは国が破綻《はたん》!? 日本を救うための解決策を考案せよ！

病院に行くと、多くの人は、医療費の3割を負担するだけで治療が受けられます。それは国民健康保険という社会保障の制度があるからです。実は、日本にはこのような社会保障制度がとてもたくさん設けられていて、私たちが普段通りに生活できなくなってしまった時に、助ける準備をしてくれているのです。しかし、そのような社会の仕組みにもうまくいっていない部分があり、このままでは日本が破綻してしまうような課題もあります。その課題の原因を解き明かし、より良い制度を提案するための第一歩を勉強する大学生の研究を紹介します。

どんな分野？

皆さんがものを買うときには、消費税を払っているはずです。他にも、親御さんが会社などで稼いだお金には「所得税」がかかりますし、亡くなった親戚から受け継いだお金や土地などには「相続税」がかかります。このように集められた税は、病院での費用負担を軽くしてくれたり、定年を過ぎた後に年金として給付してくれたりという形で、私たちのために使われます。このような、政府の経済活動などのお金の動きについて扱うのが財政学です。

財政学では、社会保障や税制、財政健全化などを扱うことが多いです。まず社会保障は、病院の費用負担を軽減してくれる健康保険や定年後に給付される年金、生活困窮者に給付される生活保護などについて考えます。

次に税制は、消費税の他に、法人税や所得税などさまざまな税金の仕組みについて扱っていきます。

三つ目の財政健全化は、日本が抱える借金をどのようにして減らしていくかを考えるというテーマです。

このようなトピックについて、現状どのような制度があるのかを学びつつ、より発展的な内容として、今ある制度の問題点やその解決策についても考えていきます。財政学者の中には、実際に政府の会議に参加して国の制度づくりに意見を出している人も多く、社会に直結した学問だと言えます。

どんな授業や研究をしている？

先ほど挙げた社会保障や税制は、高校までの社会科の授業で習ったことがあるという人もいるかもしれません。大学ではその知識に加えて、具体的な数値データなども学んでいきます。

数値データの中には、「社会保障の制度を成り立たせるために、毎年どれくらいのお金がかかっているか」というものがあります。この額は年々増加していて、2020年度は132兆2211億円でした。これを日本の人口で割ってみると、人口1人あたり104万8200円が給付されている計算になります。そんなにお金が使われているんだ！　と驚いてしまいますよね。

また、社会保障をはじめとするさまざまな制度に対して、財源をどこから出しているのかという部分も学びます。

皆さんがケガをしてしまった時、医療費の3割を負担するだけで治療を受けられるという話は、先ほど紹介しました。これは国民健康保険制度があるおかげですね。そして皆さんが75歳を超えると、この国民健康保険から後期高齢者医療制度に自動的に変更されるようになっています。治療費の負担額が、所得に合わせて軽減されるという点が変わります。元々は3割負担だったとしても、所得が少ない場合は1割や2割負担するだけで治療を受けることができるのです。

では、この後期高齢者医療制度に使われるお金は、どこから出ているでしょうか？　基本的には国が消費税などの税制から得た収入と、国民から徴収している保険料で賄《まかな》われています。

現状その内訳は、この制度を使う被保険者が約1割、現役世代が納めた保険料が約4割、国の収入が約5割です。高齢者の多くは年金暮らしで、高い保険料を払う体力はない一方、病院にお世話になる可能性は現役世代よりも高くなるため、このような比率になっているのです。

この場合、保険料を出す現役世代と高齢者を何歳で分けるか、財源をどうするかを決める必要がありますよね。財源がどこから出ているかは、制度によって異なってきます。それぞれの制度が、何に支えられて成り立っているのかを詳しく学んでいくのです。

また、経済学部では数式を用いて理解を深めることが多くあります。例えば、以下の数式を見てみてください。

$$B_t/Y_t \geqq B_{t+1}/Y_{t+1} = (B_t + iB_t - S_{t+1})/Y_t(1+\rho)$$

これだけ見てもちんぷんかんぷんですよね。これは、「その国の財政が破綻しないためにはどうすればいいか」を表した数式です。

まず、左辺を見てください。大文字の下に小さく書かれたｔは、年度を指します。ここでは、ｔ年度を今年度としましょう。Ｂは今年度の債務《さいむ》残高、つまりは国の借金の額です。そしてＹは今年度の国内総生産、つまりは国の経済の規模です。ですので、Ｂ／Ｙは今年度の債務残高の対国内総生産比率となります。簡単に言えば、その国が借金で苦しんでいる度合いのことです。

次に右辺は、年度がｔ＋１になっているため、来年度の債務残高の対国内総生産比率となります。来年度の借金に苦しんでいる度合いですね。

この二つは大なりイコールでつながっています。これはつまり、債務残高の対国内総生産比率が前年よりも小さくなれば、借金で苦しんでいる度合いが軽減されるということです。この状態がずっと続いていけば、状況がこれ以上悪くなって財政が破綻することはなくなるわけです。ちなみに、なぜ単に借金の額だけを比較しないのかというと、経済の規模が大きくなるほど、抱えられる借金も大きくなるからです。年収が100万円の時と、年収が1000万円の時とでは、1000万円の借金を抱えたときの苦しさの度合いは全く違いますよね。それゆえ借金を経済の規模で割っているのです。

大学生が学んでいること

大学生はここまで見てきたようなことを学びながら、社会経済に対する理解を深めています。このような知識を土台にしながら、より発展的な内容として社会の課題を発見し、その原因を分析していきます。

ここからは、「生活保護受給者の中でも、65歳以上の受給者の割合が特に高く、しかも年々高まってきている」ということが課題だと感じ、なぜそうなっているのかを分析した大学生Cさんの研究を見ていきましょう。

大学生の研究は、参考になりそうな論文を探すことから始まります。というのも、大学生の段階では、ゼロから研究を進めていくだけの知識が足りないからです。すでに経済学者が出した論文を参考にしながら、その分析方法を実際に試したり、アレンジを加えたりしながら研究を進めていきます。

今回の研究で参考にしたのは、宮寺良光さんが２０１７年に発表した、『「構造改革」以降の高齢者の生活困窮化要因に関する分析』という論文です。

簡単に内容を説明すると、１９９０年代後半から２０００年代前半にかけて行われたさまざまな制度の変更によって、高齢者の費用負担の構造に変化があったことで、生活に困る高齢者が増えたのではないかという仮説が本当に正しいのか確かめようというものです。

分析の方法としては、高齢者の生活保護受給者数と失業率や国民年金の受給率などのさまざまなデータを統計学を用いて照らし合わせながら、その関係を探っていきます。

Ｃさんは、参考にした論文で使用されていたデータを最新のものに置き換え、さらに別のデータも新たに付け加えることにしました。Ｃさんが使用したデータは以下のようなものです。これらのデータと、生活保護受給者数に相関関係があるかを分析していきます

- 65歳以上人口
- 厚生年金受給率
- 厚生年金平均月額
- 国民年金受給率
- 国民年金平均月額
- 一人当たり後期高齢者医療保険料
- 高齢者単身世帯率
- 要介護者率
- 高齢者借家借間率
- 病床数

データをそろえて分析できたら、次はなぜそのような関係があるのかを考察していきます。

得られた分析結果の一つに、「借家借間率が高い地域では、高齢者の生活保護受給者数が多い」というものがありました。借家借間率とは、家賃を払って家を借りている世帯の比率です。なぜ、このような結果が出たと思いますか？

Cさんは、この結果に対して、二つの仮説を立てました。一つは、家賃の負担に着目したものです。生活する上で、持ち家がない限り家賃出費は削れません。借家借間率が高いということは、家賃の負担に苦しんでいる人が多いことを示しています。家計が家賃に圧迫されているから、生活保護受給者が多いのではないかという仮説を立てました。

もう一つは、借家借間をする人の特徴に着目したものです。そもそも借家借間率が高いということは、持ち家がない人が多いということでもあります。つまり、その地域はもともと経済力の乏しい方が多い可能性があるということから、生活保護受給者数が多いのではないかという仮説を立てました。

また、他の分析結果として、「国民年金の平均月額が高い地域では、高齢者の生活保護受給者数が多い」というものがありました。年金を多くもらっているのであれば生活保護を受けなくてもよさそうに感じますが、その感覚とは逆の結果が出てきたのです。

これについては、国民年金の平均月額が高い地域では、生活保護などをはじめとする社会保障制度に対する理解が広まっているから、生活保護を受給する心理的なハードルが下がって、受給者数が増えたのではないかと考えたそうです。

Cさんが行った研究は以上です。このように出てきたデータが表す意味まで詳細に考察することで、「65歳以上の生活保護受給者数が多い」という課題を解決する手がかりの発見につながっていきます。

この学問を学びたい人へ

経済学では、社会で何が問題になっているのか、その背景には何があって、どう対処していくべきかを、主にデータや数学の知識を使いながら考えていきます。ですので理系から経済学部に進む人が多いというのも特徴の一つです。実際に自分で手を動かしながら社会について分析していけるため、高校までの勉強よりも一層、社会に対する理解を深めることができるでしょう。

社会で起きていることについて知りたい、社会の課題を経済で解決していきたいという人にはおすすめの学問です。

参考文献：宮寺良光「「構造改革」以降の高齢者の生活困窮化要因に関する分析」（『中央大学経済研究所年報』四九号、二〇一七年）

第2章

教養学部

教養学部は、専門分野を一つに絞らず、複数の学問を横断的に学んでいく学部です。他の学部のように文系の学部、理系の学部というような区分がないのが特徴です。

では、なぜ複数の学問を学ぶ必要があるのでしょうか？　それは、一つの視点だけでは見えない、解決できないものが存在するからです。他の学部のように、一つの専門分野を極めることも大事なことですが、それだけでは足りない部分を教養学部が補っているのです。

このような特徴があるからこそ、教養学部で扱うトピックには複雑なものが多いです。例えば、各地域の特質を学ぶ地域文化研究はその代表例だと言えるでしょう。「地域文化」と一言で言っても、さまざまな側面があります。例えば、政治に関する特徴もあれば、この地域に住む人たちの言葉に関する特徴もありますよね。ある地域を理解するためには、歴史学、政治学、経済学、社会学、哲学、文学、言語学などの幅広い研究方法を用いながら多角的に学ぶ必要があるのです。他にも、世界全体のことを学ぶ国際関係論も、同様にさまざまな視点から学ぶ必要があります。

応用のイメージがしにくい数学についても、教養学部では数理科学として学ぶことができます。数理科学は、「数学と諸科学との出会いの場」と言われるほどさまざまな学問とつながりを持つことができます。例えば、私たちの秘密を守ることに一役買っている暗号理論には、数学の知見がおおいに活用されています。

文系の学問と理系の学問の両方を融合させた学問もあります。ヒューマンコンピューターインタラクションは、コンピューターと人間の関係について考える学問ですが、そのためにはコンピューターに関する工学の知識と、人間に関する心理学の知識の両方を学ぶことが必要なのです。

この章では、数理科学、地域文化研究、国際関係論、ヒューマンコンピューターインタラクションという四つのトピックを紹介していきます！

数理科学

ただ計算するだけじゃない！　未来予測にも使える数学の魅力

大学で学ぶ数学で登場するものの一つに、微分方程式があります。そして、これを活用して社会のさまざまな現象を数式で表したものを数理モデルと言います。天気予報に関する数理モデルや、昨今話題となっている新型コロナウイルス感染症をはじめとする感染者の増減に関する数理モデルなど、さまざまなモデルが存在し、未来の予測が行われていきます。今回は、教養学部の大学生が面白いと思った数理モデルとその簡単な解説をしていきます。

どんな分野？

大学で学べる数学には、純粋数学と応用数学の二種類があります。純粋数学は数学の理論そのものを学ぶもので、今はまだ解けていない数学の難問を解くのが目標の分野です。純粋数学はここからさらに代数学・幾何学・解析学という三つの分野に分かれていて、代数学では方程式を解く、幾何学では図形を扱う、解析学では微分積分や極限などを扱うといったことが各分野の主な内容です。これに対してもう一つの分野である応用数学は、純粋数学で学んだ理論などを使いながら、社会問題を解決したり自然現象を数式で表したりすることが目標の分野です。今回はこの応用数学を掘り下げていきます。

まず初めに、高校で学ぶ数学は社会と無縁そうに見えるのに、応用数学で社会問題を考えるとはどういうことでしょうか。実は、とても身近なところで私たちも応用数学の恩恵を受けているのです。例えばスマートフォンなどを使って友達にメールを送る時、送信中にそのメールを誰かに盗み見られると嫌ですよね。そこで現代では、そのメールを暗号化して盗まれても内容がわからないようにする技術が使われています。この技術の一つであるＲＳＡ暗号は、中学生でも習う素因数分解がこの技術の要となっています。こういった技術を作ることも応用数学の一つです。

では、応用数学を研究している人は、どのようにして数学を社会へとつなげているのでしょうか。その方法の一つは、テーマとなる社会問題を考えて、それに関係する現象を数式で表すことです。社会の動向を何もかもつかむのは難しいですが、そのなかでもテーマに沿った何かしらの法則を見つけることで、法則に従った数式を立てることができます。その数式はとても複雑で人間が解くことは難しい場合も多いため、中学高校で習うような紙の上での計算はそれほどしておらず、多くはコンピューターに任せてしまいます。

このような応用数学を専門に勉強することは大学の前半では珍しいといえます。大学に入るとまずは高校数学の延長のような内容を勉強してより数学を深く理解し、大学の後半に入ってから、前半に学んだ知識を使ってより抽象的な純粋数学を扱ったり、応用数学で数学と社会とのつながりを考えたりすることが一般的です。

どんな授業や研究をしている？

ここからは、応用数学の中の一分野である数理モデルについて解説します。数理モデルとは、社会や自然の一部分を数式を使って表して、未来を予測できるようにしたもののことです。主に高校でも習う微分がよく用いられていて、物理学で習う運動方程式などを使って物体の動きについてや気象の変化についての数理モデルを作ったり、車の動きを捉えることで渋滞についての数理モデルを作ったりすることができます。今回は、有名な数理モデルを二つ例示します。

①人口増加の数理モデル（マルサスモデル）

まず一つ目はマルサスモデルです。マルサスモデルは、数理モデルの中で最も簡単なものの一つです。これは今の人口の多さから、今後どのくらいの速さで人口が増えそうかを予測するものです。人口増加を数式で表すために、どのような法則が見つけられるでしょうか。

最初に考えられる法則は「人口が多いほど人口は増えやすい」という法則です。人口の少ない田舎で赤ちゃんが生まれる人数と、人口の多い都会で赤ちゃんが生まれる人数を比較すれば、都会の方が明らかに多そうですよね。このことから、人口が多い方がより人口は増えやすいという法則を予測できます。

しかし一つ目の法則だけだと、人口が増えたらそのまま増え続けて際限がありません。食料や土地の面積などの関係から、人口が無限に増え続けることはなさそうなので、この数理モデルはまだ正しくなさそうです。そこで二つ目の法則は「あまりにも人口が多すぎると人口は増えづらくなる」という法則です。この法則を追加することで、ある一定の人口よりも増えることはなくなります。

このように、何か法則を見つけて数式を立て、現実と合っていなければ新たに法則を加えてみるといった方法で数理モデルを作っていきます。

②感染症の流行を予測する数理モデル（ＳＩＲモデル）

二つ目はＳＩＲモデルです。これは感染症の流行を予測するための数理モデルです。新型コロナウイルスが世界的に大流行しているという状況も、このＳＩＲモデルを使って予測されています。このＳＩＲとは

S：感染する可能性のある人（Susceptible）
I：感染している人（Infected）

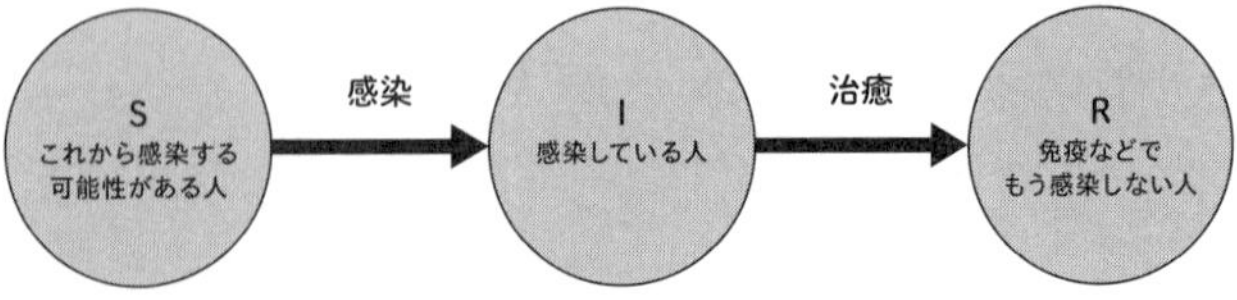

図　単純なSIRモデル

R：免疫獲得などでもう感染しない人（Removed）

という三つの単語の頭文字で、これらの人数の変化を見ることで、感染症の流行を予測します。先ほどのマルサスモデルでは人口の多さだけを考えていたので、こちらのほうがやや複雑になっています。この数理モデルに最低限必要な法則は、Sの人が感染してIになる、そしてIの人が治癒してRになるという法則です。図にすると前ページの「単純なSIRモデル」のようになります。

これが最も単純なSIRモデルですが、マルサスモデルと同様にこれだけでは現実とかけ離れています。実際は新たに生まれる赤ちゃんがいたり、逆に持病や老衰など感染症以外で亡くなる方がいたり、ワクチン接種により感染してないのにもう感染することがない人がいたりします。これらを加味すると次の図「複雑なSIRモデル」のようになります。こちらの方がより現実に近そうですよね。

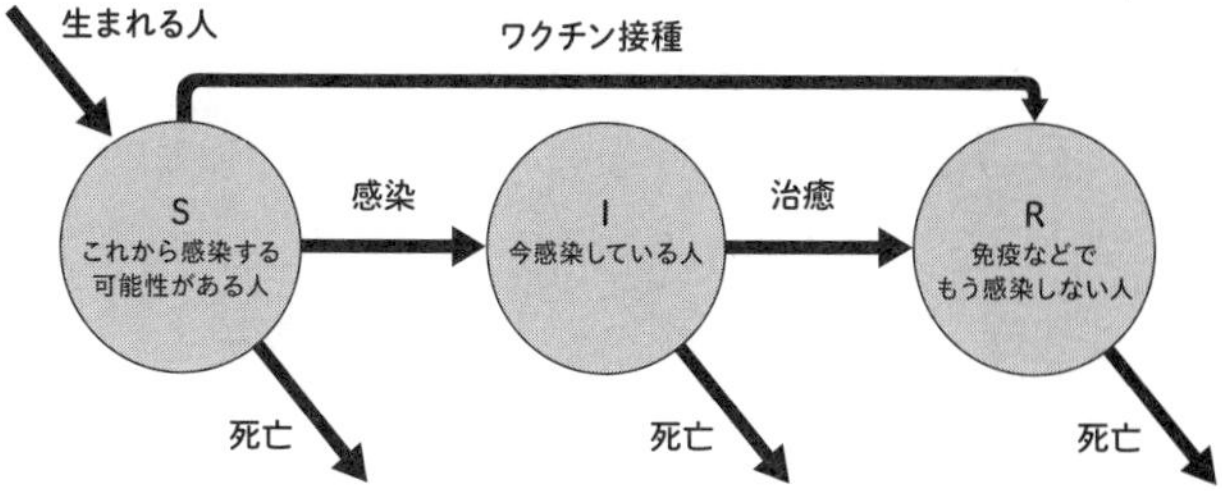

図　複雑なSIRモデル

大学生が学んでいること

現実の社会に沿った数理モデルを作るのはとても難しいので、数理モデルを実際に作ってみるのは大学院生になってからです。大学生のうちは、例に出したマルサスモデルなどの数理モデルを自分で解く方法を学びます。数理モデルは人口の増え方など、ある値の変化量を考えるので、必然的に変化量を求める方法である微分が数式に含まれています。微分が含まれている方程式を微分方程式と呼び、大学生のうちはこの微分方程式の解き方を習っています。また、数理モデルの中には人間には簡単に解けないものもあるので、そういったものをコンピューターに計算させたりする方法も学んでいます。

大学生の間にいろいろな数理モデルを見て、その解き方やコンピューターでの計算方法を学ぶことで、実際にテーマを決めて数理モデルを作るための参考にしたり、計算してみて現実に沿ったものかを検証したりできるようになります。そこで得た技術によって、応用数学の目的である数学を社会に役立てることができるのです。

この学問を学びたい人へ

高校までで習う数学に対して「何のために学んでいるのかわからない」「こんなもの勉強しても役に立たない」といったことを思ったことはありませんか？　実は一見そう思える数学も、大学に入って勉強を続けていれば社会に役立たせることができます。純粋数学も社会に役立つことはありますが、それ以上に応用数学ではどのように社会に役立っているかを感じられて、それがやりがいにつながります。数学をただ突き詰めるのもいいですが、社会に役立っていることを実感したい人にはおすすめの学問です。

地域文化研究

ファッションに性別は関係ない？
論文や当時の日記から見えてくる、フランスの歴史と文化

大学で「地域研究科」などと呼ばれる場所は、その地域に関わる学習・研究なら何でもOKというところです。その地域の文学を学ぶ人も、政治を学ぶ人も、データからその地域の特徴を明らかにする人もいます。中でも興味深い「フランスのファッションに関する研究」をする大学生が今回の主役です。ここでは、いわゆるジェンダーレスファッションについて、かつてフランスで書かれた日記や裁判記録などを読み解き、その国の文化や歴史を明らかにする研究を見ていきましょう。

どんな分野？

さまざまな分野をまたいだ国際的な学習・研究を進める教養学部では、地域文化研究（学）が扱われることがあります。英語ではArea studies（エリア・スタディーズ）と呼ばれる分野で、使用する言語ごとに分かれており、それぞれの言語圏について広く学ぶことになります。言語圏とあえて書いたのは、特定の一か国だけにフォーカスするわけでは必ずしもないからです。例えばフランス語ならフランスだけでなく、フランス語を公用語とするさまざまな国が研究対象となります。カメルーンやコートジボワールなどのフランス旧植民地がその代表例です。

地域「文化」研究という名前ではありますが、実際には、普段私たちがイメージする文化という言葉よりも広いテーマについて学ぶことになります。いわゆる人文科学と言われる文学や哲学的思想、芸術などについてだけでなく、法制度や政治、社会学など、社会科学的な内容についても学ぶことができるのです。研究手法も自由で、論文をひたすら読んでいくタイプの研究もあれば、データなどを用いた手法を使う人もいます。地域文化研究に共通することといえば、「自分たちが選んだ言語を自在に扱えるかどうか」という部分くらいです。

この地域文化研究を扱う学部は、大学によっては「外国語学部」「言語文化学部」などの名前で組織されていることもあります。こうした学部の名前からも、この学問分野が言語を中心としてまとまっていることがよくわかりますよね。

どんな授業や研究をしている？

ここからは、地域文化研究科に属する学生が普段どんな授業を受けているかについてガイドします。

まず、最初にお伝えした通り、地域文化研究には①専攻する言語圏の言語、②言語圏の政治・法など社会科学に関する内容、③言語圏の芸術・歴史・地理など人文科学に関する内容、という三本柱があります。まだ本格的な研究を始めていない学部生の段階では、これら三つをバランスよく勉強して、その言語圏についての基礎知識をつけることが求められています。

また、これらに関する授業（先生の話を聞くことが中心の座学）とは別に、ゼミを受講することもあります。ゼミでは、だいたい3～10人が集まって、自分が選択した言語で書かれた論文を自分なりに訳してみんなで読んでいきます。ここでは、そのゼミを担当する先生の専門分野に関する論文を読むことになります。

フランス語圏について学習しているある大学生は、マダガスカルやサブサハラアフリカの芸術に関する論文を読むゼミを受講していたといいます。

マダガスカルやサブサハラアフリカがどうしてフランス語圏になるのかは最初にもお伝えしましたよね。歴史的にフランスの影響を強く受けていた国では、今に至るまでフランス語が公用語などとして用いられているのです。

そのゼミで輪読した論文の中には、「フランスで活躍した芸術家のピカソやブラックたちが、サブサハラアフリカの芸術にどんな影響を受けていたか」というテーマのものがあったそうです。これは２０００年代にフランス人が書いた論文で、19世紀終わりごろから本格的にフランスに入ってくるようになったアフリカの木彫りの彫刻などが、１９００年代の始め頃から芸術家に影響を与え始めたとするものです。

皆さんは、ピカソと聞いてどんな絵を思い浮かべますか？　もちろん時代によっても異なりますが、有名なのは「泣く女」のように、普通なら同時には見えないはずのものが１

つの画面の中に描かれている絵でしょう。こうした画風はアフリカから来た彫刻を見たピカソたちが、物事を多面的に捉えている彫刻に感銘を受けて、複数面から見た絵を描くようになったことで生まれたとされています。

こうした論文を読み解くことを通して、フランス語の読解能力を養ったり、フランスの文化そのものについての理解を深めたりしているのです。

大学生が学んでいること

続いて、フランス語を選択して現在卒業論文を執筆中のDさんが、今どんなことを考えているかについてです。

Dさんは、フランスにおける男性向け・女性向けそれぞれのジェンダーレスファッションの扱いについて研究しています。

フランスには、政令などにより異性装（生物学的性別とは異なるような装いをすること）が厳しく取り締まられてきた歴史があります。ヨーロッパでは聖書の影響もあって、全体的に異性装に対してはやや厳しいのが一般的でした。その中でもフランスは、異性装に関して厳しく、何度もルール変更がされたほどでした。

だからこそ最近は、これまで抑圧されてきた反動もあって、異性装、ジェンダーレスなファッションが盛り上がりを見せています。特にフランス・パリはファッションへの意識が高い街で、毎年目新しいファッションが登場します。多くの人がご存じのパリコレも、実は三種類あるほど、新しい動きには一段と敏感です。そこでDさんは、フランスでジェンダーレスファッションがどう取り扱われているかを見ることによって、フランスにおける異性装への見方やその変遷について考えたいとのことでした。

現段階である程度わかっていることとして、男性は異性装を通して自由な自己実現をしようとしていると考えられるそうです。一方、女性が異性装をする動機には、歴史的に男性の方が給料や社会的地位が高かったことをふまえて、男性の服装をすることによって社会的地位を向上させたり、不平等を是正しようという意識が根底にある可能性があるとのことでした。ファッションにも単なるおしゃれ以上の社会的な動きが関わっているというのは、興味深いですよね。

Dさんによると、研究は最初から順調ではなかったようです。Dさんは最初フランスで発行されたファッション雑誌を読んで、そこからフランスのファッションの傾向について探る予定でした。しかし現在では、一般的な文献（論文や当時の日記、過去の裁判記録など）を読むことを予定しているそうです。

ファッションと裁判がどう関わるのかと思う人もいるかも知れませんが、これは当時の歴史が深く関わっています。先ほどもお伝えした通り、かつてフランスでは異性装が厳しく制限されていました。「厳しく」というのはつまり、異性装をした人に対して罰則などがあったということです。そこで、当時の法的規制がどのようなものだったのか、人々はそれをどうかいくぐろうとしたのかなどを探るべく、裁判記録も読む必要があるそうです。

裁判記録を読む必要があるのはわかったと思いますが、なぜ雑誌を読むのをやめてしまったのか疑問に思う人もいるでしょう。それには雑誌特有の難しさが影響しています。

まず、古い雑誌を入手するのは単純にとても難しいことです。日本の古い雑誌を集めるだけでも簡単ではないのに、海外の雑誌となれば、どれだけ大変かわかりますよね。それに雑誌は月刊でも年に12冊あり、しかも何年分も存在します。さらにファッション雑誌と一口に言っても種類がたくさんあります。これを網羅的に読み込むのは余計に大変です。

加えてファッション雑誌には月ごとの特徴があります。春なら春らしいフェミニンなコーデを多めに特集しましょう、というイメージです。そうすると、雑誌で見られるファッションが時代背景を反映したものなのか、単に季節的な特徴を反映しているにすぎないのかを区別するのも困難になります。こうした理由から、雑誌を扱うのは断念したとのことでした。研究を進めるにも、いろいろな困難があるということがわかっていただけたでしょうか。

この学問を学びたい人へ

こうして、ある言語圏について幅広く学ぶとともに、特定のトピックに注目して地域の特徴や歴史などを明らかにしていく地域文化研究。この分野がおすすめなのは、外国語の読み・書き・会話をバランスよく使えるようになりたい人や、外国語が好きだけど何について学びたいか迷っている人です。地域文化研究の核は何と言っても選択した言語なので、その言語を真剣に学び、それをさまざまな形で使ってみたい人は、ぜひこの道を選んでみてください。

国際関係論

隣国の暴走する政府から人々を救いたい、でも政治に干渉するのはＮＧ！
あなたならどうする？

他国の政治に干渉してはならない、内政不干渉という原則が国際法には存在します。しかし、ある国の中央政府が機能していなかった場合に、他の国はそれを見捨てて良いのでしょうか？　そのような国際法と国際政治における理論を学ぶのが国際関係論です。理論を学んだ後には実際に存在する国に焦点を当て、どのように平和が維持されてきたのかを考察していきます。すると、理論だけでは解決しきれない問題が浮かび上がってきます。教養学部で国際関係論を学ぶ大学生が、リビアとシリアの平和維持についてまとめたことを紹介していきます。

どんな分野？

さまざまな学問分野を学際的に研究している教養学部では、国際的な事象を複数の側面から見つめる国際関係論も扱います。国際関係論は、いくつかの大学では「国際関係学部」などとして一つの学部になるほど、研究テーマが豊富にある学問です。国際関係論は国内だけにとどまらず、世界全体の国と国との関係を見ていく学問です。

「英語が好き！　将来は海外で働きたい！」という思いを持っている人の中には、複数の国にまたがって活動を行う国連などの国際機関での仕事に興味を持っている人も少なくないでしょう。今回見ていく国際関係論はそのような仕事にもつながる学問であると言えます。

国際関係論には、大きく分けて国際政治、国際法、国際経済という三つの分野があります。政治学、法学、経済学のそれぞれを世界規模で考えていくわけですが、まずは政治学、法学、経済学のアカデミックな定義をおさらいしましょう。

政治学は、いろいろな立場の人がどんな関わりをしながら、社会を作っているかを考える学問です。それを世界規模で考えるのが国際政治ですね。国際政治では、国や国際機関の判断に着目することが多いです。

A国がB国に対して制裁措置を取る判断をするというケースを考えましょう。それをB国は受け入れるのか、対抗措置を取るのか、さらにはその行動に対してA国がどのような判断を下すのか、という意思決定を考えることを通じて、それぞれの判断が物事を平和的に解決するのか、戦争に陥れてしまうのかを研究していきます。

次に法学は、政治学で扱う判断の根拠を考える学問です。何が許容されていて、何が禁止されているのかを学ぶということですね。こうした決まり事にはふつう、万引きをしたら捕まるというように、守らなかった場合の罰が存在します。しかしこれが国際法、つまりは世界全体で共有されている決まり事になると、違う話になってきます。というのも、国際法には、守らなかった場合の罰が存在しないからです。国内には警察が存在しますが、「世界警察」なんていうものは存在しないですし、それをもって強制的に裁判ができるような機関もないのです。国内法は「捕まるから守る」という考え方である一方で、国際法は「守らないといけないから守る」という考え方が採用されており、守ることが前提となっているのが国際法の大きな特徴です。

三つ目の経済学は、平たく言ってしまえばお金や物のやり取りについて考える学問です。

経済学は世界と密接に関わっており、もともと国内だけで話を完結させることが難しいという特徴があります。例えば、アメリカでトランプ大統領が当選した後、「米中の貿易摩擦」という言葉が頻繁に使われるようになりました。このように、国外での出来事と国内の経済は密接に関係していると言えます。ですので、経済学と国際経済はかなり似ていて、経済学部で経済を学んでいる人と国際経済を学んでいる人が同じような内容を学んでいるということもしばしばあります。

どんな授業や研究をしている？

突然ですが、あなたがある国の首相だったとしましょう。あるとき、隣の国で紛争が起こってしまいました。その国の政府ではどうにもならない状況で、紛争により数多くの命が失われ続けています。さて、あなただったらどうしますか？　関係のない人の命が失われているのならその状況を止めたい、と思う人もいるでしょう。しかし、ここで難しいのが、「国家主権」と「武力不行使」という二つの国際法上の原則の存在です。国家主権とは、ある国のことにはその国自身が責任を持っていて、他の国が介入してはならないということ、武力不行使とは、戦争の原因となるような武力による侵攻をしてはならないということです。さて、そうなると隣国の紛争を止めるために介入することは国際法に違反してしまうことになります。

そんなジレンマを抱えるケースが21世紀になってから急増しました。各国での紛争や対立が増えていったのです。他の国に介入してはいけない、でも人々の命を救いたい、そんなジレンマの中で生まれたのが、「保護する責任」という概念だと言われています。

隣国を救うためには、国際法上の原則に目をつむってもなお、人々の命を救うことの方が重要だという根拠が必要です。その根拠を考えるのが、「保護する責任」の研究です。他国に介入して国際法を犯すという不利益と、他国に介入しないで人々の命を見捨てるという不利益、どちらの方がまだよいかを、理論を構築しながら考えていきます。

「保護する責任」の研究の理論上での結論はこうです。日本国憲法に「基本的人権の尊重」という項目があるように、人は生まれながらにしてさまざまな権利を持っています。その権利の中でも、一番基礎となるのが「生きる」という権利です。教育を受ける権利や、政治に参加する権利があったとしても、生きていなければそれらの権利は全く意味のないものとなってしまいますよね。そうすると、「生きる」というのは国の存在よりももっと前提にあるものであり、他国に介入して国際法を犯すという不利益を被ったとしても、人々の命を助ける方が重要である、という議論になります。

大学生が学んでいること

国際関係論を学ぶ大学生は、国際政治、国際法、国際経済の理論を学んだ上で、その理論を実際に存在する国に当てはめて理解をより深めていきます。ここからは、「保護する責任」について、大学生Eさんがどんなふうに理解を深めていったのかをお伝えします。

Eさんは「保護する責任」を、2011年のリビアとシリアの事例に当てはめて考えていきました。実際、リビアは「保護する責任」を適用して失敗した事例、逆にシリアは「保護する責任」を適用しないで失敗した事例だと言われています。

当時、リビアもシリアも、紛争により多くの人の命が失われていた状況でした。リビアでは、「保護する責任」のもと、NATOという複数の国で結成された軍事同盟が介入し、紛争が止められました。その何がいけなかったかというと、当時の首長であるカダフィーを殺害してしまったことです。もしある日、日本に国籍不明のヘリコプターが飛んできて、一夜にして霞が関にある政府の機能が停止してしまったら、皆さんはどう思うでしょうか？「ふざけるな！」と怒るのではないでしょうか。国家のトップを殺害するというのはそれと同じことです。人々が生きることを保障できればいいのに、ＮＡＴＯはそれよりも何段階も上の、最低限をはるかに超えたことをしてしまったのです。

この失敗があったことから、当時同じような状況にあったシリアには「保護する責任」を適用することができず、戦争を止めることはできませんでした。

Ｅさんはこの事例を踏まえ、「保護する責任」の成果は別として、警察機能のない国際社会でそれに似た枠組みをつくろうとしたという面においては、重要な取り組みだったのではないかと評価しました。過去の失敗はそのまま終わりにするのではなく、次にどう活かせばいいのかという議論に役立てていくことができます。「保護する責任」であれば、その中で使われていた理論のどの部分がダメだったのか、どのようにつなげるべきだったのか、「保護する責任」を有効なものとして認めるのは誰である必要があったのか、というような発展が考えられます。２０１１年の失敗から「保護する責任」に関する議論は進んでいませんが、Ｅさんは卒業論文で取り上げたいと考えているそうです。

卒業論文では、過去の論文を読みながら研究を進めていきます。文章をただひたすら読むというのはつまらないことのように思えるかもしれませんが、Eさんは過去の偉大な学者と、時空を超えた対話をしている感覚を楽しんで、研究を進めていきたいとのことでした。

この学問を学びたい人へ

国際関係論に関わる論文の裏側には、失われた命、壊された生活が隠れています。負の歴史を繰り返さないためにも、過去の事例に向き合いながら考えていくこと。それはとても壮大な取り組みだと言えます。

社会が刻一刻と変わるように、国際関係論で分析するテーマも刻一刻と変わっていきます。まさにテーマが尽きない学問だと言えるでしょう。テーマが尽きないからこそ、視野を広げることができ、その中で自分のやりたいことを見つけてとことん探究していける。国際関係論にはそんな魅力があります。

ヒューマンコンピューターインタラクション

漫画の吹き出しの形にはどんな意味があるのだろう?

漫画の吹き出しにはさまざまな形状のものがあります。吹き出しの形をよく見てみると、話者の感情と結びついており、感情を伝えるための一つのツールとして使われていることに気が付きます。この吹き出しの特性に注目した大学生は、テキストチャットでやり取りするときの感情伝達に応用できるのではないかと考えました。ヒューマンコンピューターインタラクションという、人と機械とのより良い関係の築き方を考える分野において、漫画の吹き出しの応用性を研究する大学生の活動をお届けします。

どんな分野？

教養学部には、人間のより豊かな生活の実現を目指し、複数の分野が共同して研究を行う学問があります。ユニバーサルデザインという言葉を聞いたことがある人もいるかもしれませんが、それもその一種です。ユニバーサルデザインとは、年齢や障害の有無などに関係なく、誰もが使いやすいものを作ろうという研究分野です。これと似た分野に、人間とコンピューターのより良い関わり方について研究する、ヒューマンコンピューターインタラクション（以下、ＨＣＩ）と呼ばれる分野があります。今回は、情報化社会が進む中で今後ますます注目されるであろうＨＣＩに着目していきます。

１９８０年代まで、コンピューターに関する議論は、より良い性能にするにはどうしたらいいかというものがメインでした。しかしその後技術が進歩してくると、性能だけではなく、どういう使い方をすればユーザーが嬉しいかにも焦点が当たるようになっていきます。技術を研究する工学、人間を研究する心理学、見せ方を研究するデザイン分野のそれぞれが一緒になって議論をするようになったのがＨＣＩの始まりです。

私たちが普段使っているスマートフォンやパソコンは、アイコンが表示されていて、そのアイコンをタップすると画面が切り替わるようになっていますね。見た目で何ができるボタンなのかが明確ですし、使いやすい機能です。しかし、一昔前はこんな機能はありませんでした。その時代にどのようにコンピューターを動かしていたかというと、キーボードで使いたい機能の文字列を入力する必要があったのです。その後ＨＣＩの観点から文字で指示を出すのはわかりにくいという理由で、アイコンという直感的に理解できる操作方法が開発されました。

他にも、コロナ禍になってから使用頻度が高くなった音声通話機能にも、ＨＣＩの考え方が取り入れられています。音声通話では、音声に遅れが生じることがありますよね。この遅れをどれくらいまで許せるかというのが問題です。ある音声通話機能の音声の遅れが0・05秒だったとしましょう。これを0に近づけていくことは技術的には可能ですが、費用や時間など、それなりのコストがかかります。もし、0・05秒の遅れと0・04秒の遅れで、ユーザーの話しやすさに大きな違いが出るのであれば、0・01秒の遅れを縮めるだけのコストをかける価値があります。しかし、話しやすさに大きな違いがないのであれば、遅れを縮めるためのコストをかける価値はなく、むしろ別のところにコストをかけるべきです。こうしてより使いやすいコンピューターの実現のために、限られた費用と時間をどこに使うべきなのかの議論にも役立つ分野だと言えます。

どんな授業や研究をしている?

私たちが人と話すとき、言葉から得られる情報はたったの7%のみで、他の93%は声のトーンや表情から情報を得ていると言われています。「もういいよ」という言葉をかけられたときに、ニコニコしながら言っているのであれば許してくれたということがわかりますが、むすっとした表情で言っているのであればまだ許してもらえていないと思うはずです。私たちは無意識のうちに、言葉以外の部分で相手の感情を推測しているのです。

それでは、これがテキストチャットになったらどうでしょうか? 声も聞こえない、表情も見えないという状況なので、実際に話をしている時よりも、得られる情報がかなり限られてしまいます。「もういいよ」という言葉ひとつとっても、相手の真意を汲み取るのはかなり難しくなってしまいますよね。

そんなテキストチャットですが、世の中には、聴覚障害を持っていてテキストでのコミュニケーションがメインだという人がいます。知的障害を持っていて元から感情を受け取るのが苦手なのに、テキストチャットになるとなおさら難しいという状況に立たされている人もいるでしょう。強制的に感情の部分の情報が抜け落ちてしまうテキストチャットだからこそ、コミュニケーションがうまくいかなくなってしまうと言えます。

そこである大学生Fさんが考えついたのが、漫画の吹き出しをテキストチャットに活用することです。どうして漫画の吹き出しかと思った方も多いでしょう。実は漫画の吹き出しをよく観察してみると、その時のセリフや状況に応じて、形状が変わっていることに気付きます。例えば、普通に話しているときは丸い形であるのに対し、大きな声で話している時はトゲトゲした形が使われていたりします。漫画からは声のトーンや話す速さなどの情報を得ることができないため、このような吹き出しの形状が、話者の感情を伝えることに一役買っているのです。このような吹き出しの形状の違いをテキストチャットに応用して、感情を伝えやすいテキストチャットの研究が進められています。

大学生が学んでいること

テキストチャットの研究を行う大学生Fさんは、吹き出しの形状と感情がどのように結びついているのかを実験で明らかにするため、次ページのような質問をして回答データを集めていきます。今後はこの研究を進めていき、いずれはサービスとしてリリースしたいそうです。

そんなFさんがこの分野に興味を持ったのは、高校生の時の出来事がきっかけでした。Fさんが所属していた高校では、系列校に特別支援学校があり、その学校の生徒と一緒になって活動をする機会が多くあったそうです。耳が聞こえない人とは普通に話してもコミュニケーションを取ることができません。こ

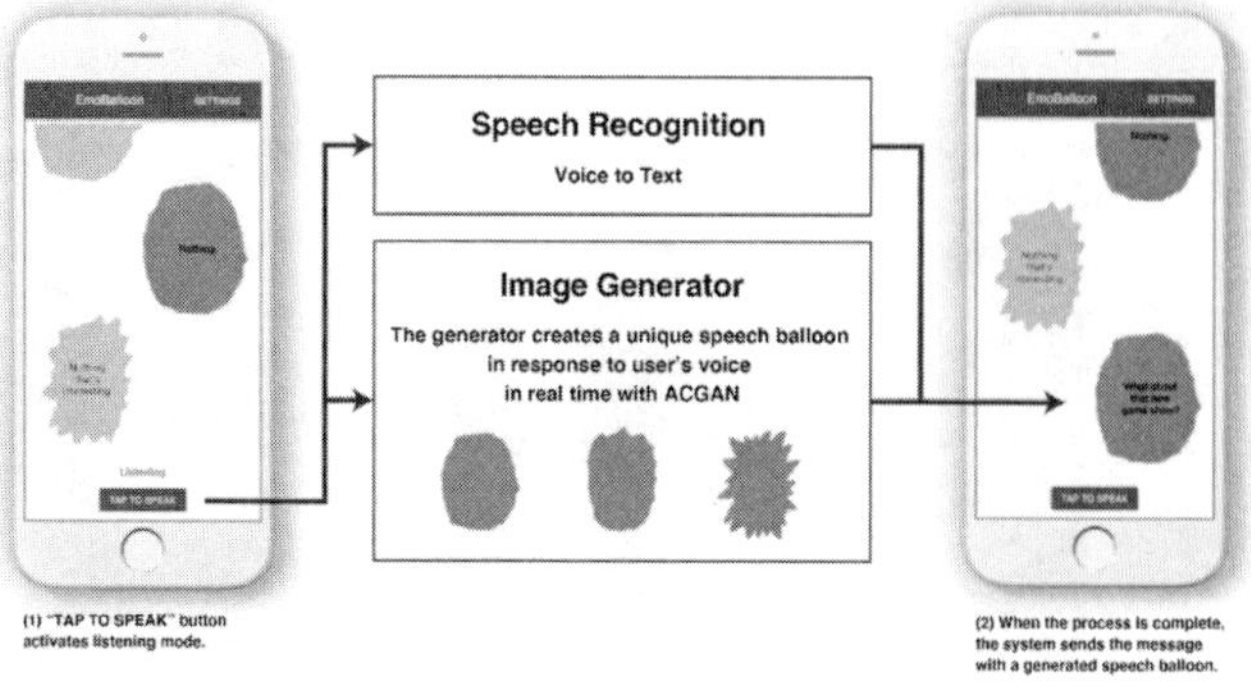
Speech Recognition
Voice to Text
Image Generator
The generator creates a unique speech balloon in response to user's voice in real time with ACGAN
(1) "TAP TO SPEAK" button activates listening mode.
(2) When the process is complete, the system sends the message with a generated speech balloon.

図　漫画を活用したテキストチャット

のように異なる性質を持った人同士でコミュニケーションを取ろうとすると、何らかの壁が立ちはだかったのです。この時にＦさんは、コンピューターの力を使えばそれが解決できるかもしれないと思ったそうです。

　Ｆさんが考えたことを実現するためには、まずコンピューターで何ができるのかという工学の知識がなければなりません。コンピューターを使った結果私たち人間の中で何が起こるのかという心理学の知識も必要です。そしてここでは、コンピューターをどう見せるかというデザインも課題に挙がってきます。それら全てを学ぶことができるのがＨＣＩだったと言います。

　高校生の時に感じた問題意識、そしてコロナ禍によりテキストチャットでのコミュニケーションが健常者間でも急速に普及したことなどを背景に、身近な存在である漫画に着目して研究を始めたそうです。

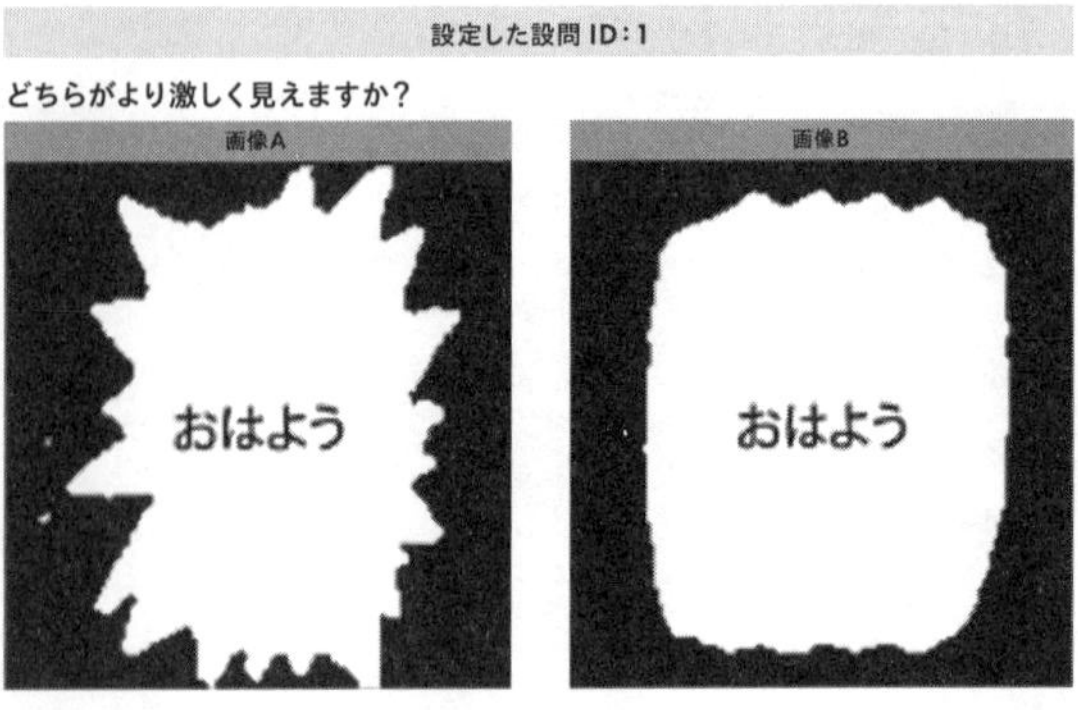

図　質問の例

この学問を学びたい人へ

コンピューターのみに留まらず、世の中にあるすべてのものがHCIです。コンピューターをはじめとした色々なことに使える複雑なものを人間が使いこなすために、その工夫を考えていくのがこの学問だからです。

人間とコンピューターと、さらには人間と社会との接点を考える学問だからこそ、生活に直結しているという面白さがあります。世の中に対して課題意識がある人、そしてそれを自分の研究で解決したい人にはおすすめの学問です。

第3章

法学部

法学部は、現在社会で適用されているさまざまな「法」の解釈やその運用の仕方について学ぶ学部です。法の基礎的な知識を学びながら、最終的には実際に起きている社会問題を論理的に解決する力を養います。

法と聞くと、憲法や六法といったものを思い浮かべる人も多いでしょう。これらはまさに、日本の法の土台を担っているものだということができます。そして実はこれ以外にも、日本には無数の法が存在しています。例えば、クーリングオフの制度を定めた消費者法や、教育に関連した制度を定めた教育基本法、最近話題の新型インフルエンザ等対策特別措置法などは、ニュースでも耳にすることがあるのではないでしょうか。

これらの法律には抽象的な表現が使われていることが多く、問題に適用する時には「何が悪くて、何が良いと定めているのか?」を注意深く解釈していかなければなりません。法学部では、このような法律の解釈の仕方を学び、実際に起きた事件に当てはめながら法律を運用する力を養っていきます。

こうして、法学の基礎的な知識を学んでからはじめて、応用的な学問を学ぶことができます。例えば、法律の作り方を学ぶ立法学や、法律のルーツを探り、改善の道を探す法哲学などが挙げられます。

また、法学部では政治学についても学べる場合が多くあります。政治学とは、人間が集まった時に、利害を調整しながらよりよい方向に進むにはどうしたらいいのかを考えていく学問です。その過程で、法、つまりはルールをどのように作っていくのかという点についても焦点が当てられるため、法学部で学ぶ場合が多いのです。

この章では、実定法学、基礎法学、政治学という3つのトピックを紹介していきます！

実定法学

「高校生らしい髪型」って？　校則から考える法解釈

法学部では、その名の通り法律について学びます。六法をはじめとする法律の条文がどのように解釈され、実際に運用されているのか、ケーススタディ的に学びを深めていくのです。そして、ここで学ぶ考え方は、学校の校則をはじめとする身近なルールにも応用することができます。法学部の学びの根幹とも言えるこの営みの面白さを、法学部で学ぶ大学生が紹介します。

どんな分野？

法学部と聞いて多くの人がイメージするのが、民法や刑法などのいわゆる「法律」ですよね。そんな法律の解釈などについて扱うのが、この項で扱う実定法学です。

実定法学とは、実際に社会で定められている法律について学ぶ学問です。「六法全書」や「六法」という言葉を聞いたことがある人は多いと思います。この六法とは、日本において主要な六つの法律（憲法、民法、刑法、商法、民事訴訟法、刑事訴訟法）のことです。これに行政法を加えた七つの法律が、そのほかのさまざまな法律の基盤となっています。

では、実定法学を学ぶ大学生はどんなふうに勉強をしているのでしょうか。「英単語や古文単語のように、法律を暗記することがメインになるのかな？」と思った方もいるかもしれませんが、そんなことはありません。実際には、法律を解釈して、それを実社会で起きた問題に適用する練習をしています。

法律の解釈とは、その法律に何が書いてあるのか、何を言おうとしているのか、どういう時に使えるのかというのを考える作業です。ここで、なんで解釈をする必要があるのかと思った方もいるかもしれません。法律は人が作ったものなのだから、作った人の意思に従えばいいような気がしますよね。それでもわざわざ解釈をするのには、主に三つの理由があります。

一つ目は、「法律を定めた人の意思」を確定させるのが難しいということです。例えば、憲法は70年以上前に作られました。もちろん、文献等を探せば誰がどうやって考えたのかはある程度確認できますが、その作業には骨が折れますし、完璧に確定させるのはほぼ無理ですよね。

そして二つ目は、そもそも誰が法律を定めたと言えるのか判断するのが難しいということです。新しい法律を作るには、国会議員が議論をし、国会を通過する必要があります。この議論の大もとは、実は国会議員ではなく、官僚などの別の人が考えていることも多いのです。だとしたら、優先されるのは、素案を作った官僚の意思でしょうか、それとも、議論をした国会議員の意思でしょうか？　この判断が難しいのです。

最後に三つ目は、時代の変化に対応できないということです。つい10年前まで、スマートフォンはそこまで普及していませんでした。よって、スマートフォンが登場する前に法律を作った人が、当時スマートフォンと法律の関係をどう考えていたのかを知ることは不可能ですよね。こんなふうに、法律を作った人の意思を尊重するだけでは、時代の変化に対応できなくなってしまうのです。

さらに、「そもそも解釈なんてしなくても、日本語なんだから読めばわかるでしょ」とも言えないのです。法律を少しでも読んでみたらわかる通り、法律の条文には抽象的で難しい言葉が使われています。日本語は日本語でも、そのままでは意味がはっきりしません。

このような理由から、法解釈が必要となるのです。解釈の仕方には種類があり、法律の目的から考える「目的論的解釈」や、法律の全体像を踏まえた時に矛盾が生じない位置付けを考える「体系的解釈」などがあります。

こうして法解釈ができたら、次に実社会に適用する練習をしていきます。実定法学は、単なる言葉遊びでは終わりません。世の中で実際に起きた事件や仮定の事件に対して、法律をどのように適用するのかを考えていくのです。

どんな授業や研究をしている？

法律の解釈とその適用について説明してきましたが、ここからは刑法に定められた「殺人罪（刑法一九九条）」を具体例に挙げて考えてみましょう。刑法一九九条には、「人を殺した者は、死刑又は無期若しくは五年以上の懲役に処する」とあります。

殺人罪の規定について解釈をするとき、考えるべきことは主に二つあります。一つは、「人とは何か?」という問いです。人はいつから人になって、いつ人でなくなるのでしょうか? 胎児や植物状態の人、脳死判定を受けた人などはここでいう「人」と言えるのでしょうか? このようなさまざまなケースについて、過去の判例などを見ながら解釈を行っていきます。例えば、胎児がいつから人と言えるのかという問いに対する、現在有力な考え方の一つが、「一部露出説」です。この説は、胎児が母体から一部分でも出てきたら人として扱おうと考えます。

さらに今後は、「クローンは人として扱うのか?」などの問いも検討する必要があるでしょう。

もう一つの考えるべきことは、「殺したとはどういうことか?」という問いです。仮にナイフである人を刺し殺そうとした人がいるとします。刺された人が救急車で搬送されている時、車にひかれて亡くなったとしたら、誰が「殺した」と言えるのでしょうか? あるいは、無事病院に搬送されたとしても、医者の対応が悪くて亡くなった場合はどうでしょうか?

これについては、危害を加えようとした人の行為の危険性が現実のものとなったら、その人が罪に問われると考えます。人をナイフで刺したら出血多量や臓器損傷で亡くなる危険性はありますが、車に轢かれて亡くなる危険性は含まれていません。そうすると、車に轢かれて亡くなったとしたら、ナイフで刺す行為の危険性が実現したとは言えないので、刺した人は殺人罪には問われません。ただし、死因をしっかりと調べたところ、車に轢かれなくても刺し傷が原因で亡くなっていたとしたら、やはり刺した人が殺人罪に問われるでしょう。

こうして法律の解釈をしたら、実際の事件に適用していきます。被害者の状態やその死因などの情報をもとに、殺人罪を適用すべきか否か、あるいは誰に殺人罪を適用すべきかを考えていくのです。

大学生が学んでいること

ここまで解説してきたことは、実は皆さんにも身近な学校の校則について考える時にも応用できます。ここからは、実定法学の考え方を使って校則について考えた大学生の考えをたどっていきます。

ある大学生がかつて通っていた高校の校則には、「高校生らしい髪型にする」という規定があったと言います。「高校生らしいとは？」と疑問に思いますが、読み進めると以下のように説明がされていたそうです。

①学習・スポーツに適した髪型
②染色・脱色・パーマ等は禁止
③前髪は眉にかからないようにする
④肩にかかった髪は縛る、ゴムは黒・青・茶色のみ

さて、今回はこの校則を定めた人の意思を調べられないので、目的論的解釈で考えてみましょう。
①から④を見たときに、「高校生らしい」の目的として考えられそうなのは、①の学習・スポーツに適した髪型ですね。この、「学習・スポーツに適した」とはどういうことでしょうか？　②〜④の行為をした時に学習・スポーツに不都合が生じると考えられているから、

このような規定がされているわけです。逆に言えば、学習・スポーツに支障がないのであれば、守る必要はないはずですよね。では、染色・脱色・パーマをすることが、学習・スポーツにどんな支障があるのでしょうか？

例えば、一つには髪にお金をかけることへの心配が挙げられるでしょう。学習・スポーツに十分なお金がかけられるように、それ以外の関係ないことにはお金をかけないようにしようということですね。他には、周囲の大人からの心配などもあるかもしれません。

ここで、この校則を実際に適用して考えてみましょう。染色・脱色・パーマをしている生徒がいるとしたら、校則でははっきりと禁止されているので罰則の対象になります。それでは、もし水泳部に所属する生徒の髪色が、プールの塩素のせいで明るくなってしまっている場合はどうでしょうか？

脱色を禁止したのは、学習・スポーツを邪魔しないのが目的だと解釈しました。さらにここでは、脱色しないこともできたのに、あえて脱色をしたと言える場合に罰則を設けたと考えていいでしょう。そうなると、今回の水泳部の生徒はそれには当てはまらないことになります。むしろスポーツを頑張った結果そうなっているので、スポーツの邪魔とは言えません。以上から、このような事例については、校則に違反しないという結論を導くことができます。

この学問を学びたい人へ

法学部では、法律の体系を知ったり、その法律の文言の解釈を考えたり、実際の問題への適用の仕方を考えたりしていきます。言葉の意味や解釈を考えることは、法学部で学ぶ面白さの一つだと言えるでしょう。さらには、法律を学んでいく中で、「デパートの床にシマヘビを撒き散らした事件」というような、変な判例にも出会うことがあります。堅いイメージのある法学部の中にも、クスッとしてしまう面白さが隠れているのです。

法律に興味がある人だけではなく、言葉そのものに興味がある人、より良い問題解決について考えたい人にはおすすめの学問です。

基礎法学

チケット転売、あなたなら買う？　買わない？

法学部で学ぶのは、憲法や民法などの「実定法」のケーススタディや解釈についてだけではありません。「どんなルールが必要か」「そもそも法律とは何か」についても扱われます。例えば近年話題となったのがチケット転売の問題です。現在では少しずつ規制が強化されているものの、このテーマが注目され始めた2018年当時、チケット転売を直接規制する法律はなく、グレーゾーンの行為とされていました。このような法律の「穴」とされている行為にどう対処すれば良いか、そもそも法規制は必要かなどについて、さまざまな当事者の視点に立って考えていきます。

どんな分野？

「法学部で何を学んでいるか」と聞かれたら、あなたはどんなことを想像しますか？　多くの人は、憲法や民法など、具体的な法律のことを想像するのではないでしょうか。もちろん法学部では、既に存在する具体的な法律（実定法）についても学びます。これらについて扱う学問は、「実定法学」と言われています。しかし実はそれだけではないのです。「今ある法律はなぜ・どのような意図で作られたのか」「今の法律のルーツはどこにあるのか」「よりよい制度はないのか」などなど、私たちが普段イメージする法律の裏には、こうした基礎的・根本的な問いが隠されています。実定法の基礎にあるこのような問いについて考える学問分野は、「基礎法学」と呼ばれます。法学部では、こうした基礎法学についても学ぶことができるのです。

その中でも、「そもそもなぜ法律というものが必要なのか」「法律はいつでも守らないといけないのか」など、法律に関する究極的な問いを扱うのが「法哲学」です。

まず「哲学」は、大まかには「既存の知見や常識を疑いながら、あらゆる物事についての真理や本質を探し求める学問」ということができるでしょう。そして、このような探求の営みを法律に対して向けるのが法哲学と言えます。つまり法哲学は、身近に存在する実定法の内容や仕組みを疑いながら、法律の本質について考え続けるものだということです。「そんなことを考えて一体何の役に立つの？」と考える人もいるでしょう。しかし、ルールの本質を探求することで、現状の問題点がわかったり、さらによいものにするためのヒントが見つかったりすることがあります。法哲学は、単なる思考ゲームではなく、私たちが生きる社会の根底を支えたり揺るがしたりする学問なのです。

どんな授業や研究をしている？

法哲学は、いきなり抽象的な問いから考え始めることもありますが、すでにある法律や社会で話題となった出来事を題材にすることも多いです。ここでは、2018年に東大の推薦入試で出題され、2019年には新しい法律ができるなど各所で話題になった「チケット転売の規制」について考えましょう。

2019年にできた新しい法律とは、チケット不正転売禁止法（正式名称：特定興行入場券の不正転売の禁止等による興行入場券の適正な流通の確保に関する法律）です。

では、そもそもこの法律はなぜ作られたのでしょう？
その一応の答えは、法第一条に書いてあります（一般に、法律の第一条には、その法律が制定された目的が書いてあることが多いです）。それは次の通りです。

この法律は、特定興行入場券の不正転売を禁止するとともに、その防止等に関する措置等を定めることにより、興行入場券の適正な流通を確保し、もって興行の振興を通じた文化及びスポーツの振興並びに国民の消費生活の安定に寄与するとともに、心豊かな国民生活の実現に資することを目的とする。

「特定興行入場券」とは、私たちが普段目にするチケットのうち、一定の基準をクリアしたものを言います。つまり、この第一条は、解きほぐすと「チケットの不正転売を禁止・防止することで、チケットが適切にお客さんのもとに届くようにして、文化やスポーツを盛り上げ、人々が安定した豊かな生活を送れるようにしたいからこの法律を作ったよ」と言っているわけです。
では、この目的がどんな考え方を前提にしているかわかりますか？

それは、「チケットの不正転売は、チケットの『適正な流通』を邪魔する『悪いもの』だから規制しないといけない」という考え方です。

この考え方に対して法哲学的なアプローチをすると、以下のような疑問が出てきます。

- **チケット転売は、本当に法律をもって規制すべき「悪いもの」なのか？**
- **チケット転売が起きてしまう根本的な原因は何か？**
- **チケットの「適正な流通」とは何なのか？**

ということで、ここからはこうした問いについて考えてみましょう。

大学生が学んでいること

まず、チケット転売がどういうときに起きるのかを考えましょう。美術館の常設展のチケットをイメージしてみてください。期間限定の特別展ならともかく、年中いつ行っても開いている常設展のチケットが転売されているのを見たことがありますか？

おそらくないですよね。ここには、常設展そのものの特徴がよく表れています。常設展はいつ行っても開いていて、チケットの枚数や購入者資格に制限がないため、供給量が豊富にあるのです。一方、常設展はさほど人気ではない、つまり需要はそう多くないことになります。その結果、欲しければいつでも誰でもチケットを買えるのです。

では、人気バンドのコンサートについてはどうでしょうか。こちらは、ある特定の日にしか開催されない上、会場のキャパシティも限られているため、チケットの供給量は多くありません。一方「人気」ということは、需要がかなりあるということです。その結果、欲しくても買えない人が出てきてしまいます。

そんな不幸な人の中には、どうしても諦められないという人もいるでしょう。そのような人がチケットを手に入れるための代表的な手段こそ、転売ヤーから高額のチケットを購入することなのです。

つまり、チケット転売が起こるのは、需要が供給を上回ってしまい、「欲しくても買えない、しかし諦められない」と思う人が現れたときだということになります。

そして、この原理からすると、転売は必ずしも「悪いこと」とはいえないことがわかります。需要が供給を上回っていて、誰かしらが不幸になることは避けられない状況において、転売は「誰が不幸になるか」を変える行為にすぎないからです。

どういうことか、さまざまな販売方法を例に考えてみましょう。まず、もともとの販売方法が先着だった場合には、素早く列に並んだりPCの前で待機したりする時間のない人が不利益を被っていますよね。ファンクラブ優先なら、応援はしているけどファンクラブには入りたくない、という人の気持ちに反することになります。抽選の場合には、運の悪い人が排除されていると言えるわけです。一方高額転売の場合には、相当高額なチケットを買えない人が不幸になる代わりに、買う余裕のあるお金持ちは得していることになるわけです。

もっと言えば、「誰が不幸になるべきか」ということへの明確な答えは、おそらく存在しません。「本当に行きたい人を優先すべきで、それ以外の人はダメ」と主張する人もいるでしょう。しかし、「本当に行きたい人」とは一体誰なのかということは、直接的にはわからないはずです。イベントのためならお金はいくらでも出すという人も、先着順のために時間を惜しまず徹夜する人も、ある面では行きたい思いが強く表れているし、また他の面ではそうでもないことが多いのです。

ここまで考えると、「そもそもなぜ規制が必要なのか?」という問題に直面します。「欲しければいつでも誰でもチケットを買える」、つまり供給が需要を上回る状態にすれば、転売という行為を規制しなくても、自動的に転売はなくなるわけですからね。こうすれば、誰も不幸にならずに済みそうです。

しかし、それを実現するのはほぼ不可能でしょう。供給量を増やすには、会場のキャパシティやコンサート実施日を増やしたりする必要がありますが、当然限界があります。また、コロナ禍で広がったオンライン配信も同様です。結局、何らかの手段でそのコンサートを見られる人は増えても、現地の雰囲気を感じながら生演奏を見られる人数は変わらないからです。かといって、転売ヤーが現れないように、イベント自体そもそも実施しないのは本末転倒ですよね。

こうしてみると、「規制を諦める」というのがもっとも自然な結論とも言えそうです。「どんな方法を選んだとしても、誰かしらはきっと不幸になってしまう。それならばいっそ、お金のない人を不幸にする代わりにお金持ちを優先する転売も許容してしまおう」と考えるわけですね。

しかし、実際はそうならず、チケット不正転売禁止法が制定されました。その論拠のひとつには、「チケットをだれが得るべきかという問いに絶対的な正解がないとしても、主催者側が『こういう人には不幸を我慢してもらうしかない』と考えたそのやり方は、最大限尊重すべきだ」という考え方があったはずです。

主催者が先着順を採用した場合、その主催者は「早く来られる人を優先して、それ以外の人には我慢してもらおう」と考えてチケットを分配しようとしたことになります。この状況で現れる転売ヤーは、「時間はないけどお金はある人を優先する」という、別の基準を持ち込んでいるわけです。主催者は当然困りますよね。

そこで、主催者がいなければイベントもないということも考慮すると、「主催者の意思は尊重すべきで、それを邪魔してくる転売ヤーは規制すべきだ」という考え方にも説得力が出てきます。

また、最初の目的に戻ってみると、他にも大切な意識があるとわかります。キーワードは、「適切な流通」と「国民の消費生活の安定」です。つまり、転売ヤーが売るチケットは、偽物だったり使えなかったりする可能性があり、その点において客にとっては危険なのです。ここに国が介入することで、国民を守り、文化スポーツを盛り上げようとした。それがこの法律だと言えます。

ただし、当然この話にも批判がありえます。

例えば、私たちの生活には、チケット転売の他にもさまざまな危険が潜んでいますよね。その中には法規制が十分追いついていないものもあるのに、なぜ転売を、それもイベントのチケットに限って規制する必要があったのでしょうか？

他にも、「国が法律を作り罰則を科してまで、『国民の消費生活の安定』を守らないといけないのか？」「法律によって規制されてしまう人々の利益はないのか？」などなど、いろいろなことが考えられます。

これらの問いに絶対の答えはありません。それでも、こうして考えてみると、「本当に法律って必要だったのかな？」という疑問は少なくとも抱いていただけたはずです。こうして思考を深めていけるのが、法哲学の醍醐味でしょう。

この学問を学びたい人へ

ここまでの議論や問いは、今ある法律やルールの解釈を考えているだけでは出てきません。「なぜ」「そもそも」という問いからはじめることで思いつくようになるのです。

よりよい世界を実現するためにどうしたらいいか、そもそも「よりよい世界」とは何なのか、などという問いを法律の視点から考えたい人には、法哲学を学んでみることをおすすめします。

参考文献：瀧川裕英編『問いかける法哲学』（法律文化社、2016）

政治学

多数決は不正が可能!?　みんなが参加する公正な投票制度とは？

多くの大学の法学部では、法律だけでなく政治についても学ぶことができます。政治とは、政治家が日々やっているようなことに限らず、人が集まった場所でより良い方向に進むために行われていることの全てを指します。政治学のトピックの一つである「投票」は、皆さんも馴染み深いでしょう。国会議員を決める国政選挙での投票や、クラスの出し物を決める際の投票など、さまざまな場面で投票をすることがあると思います。投票一つとっても、政治学のさまざまなモデルを通して眺めてみると、また違った見方ができるようになります。日常で目にするニュースの見え方が変わる政治学の面白さを解説していきます。

どんな分野？

政治を学ぶ政治学で扱うのは、なにもテレビに出てくるような政治家がやっていることだけではありません。地方自治体や学校、家族、友達関係というようなもっと小さくて身近なコミュニティなど、人間が集まったところ全てを対象に、利害を調整しながらよりよい方向に進むにはどうしたらいいのかを考えていく学問が政治学です。

政治学は、研究する内容ごとに細かく分かれていて、これまでの政治の系譜を辿る政治史学や、どのような考え方がもとになって政治が行われてきたのかを辿る政治思想学などがあります。他にも、世界全体を対象に、国家間でどのようなやり取りが行われているのかを研究する国際政治学などもあります。最近では、政治学と経済学のつながりが強くなってきたことから、有権者が誰に投票するのかを考える際などに、経済学の考え方が使われるようにもなってきました。

どんな授業や研究をしている？

政治学で扱うトピックの一つに、投票があります。ここからは、政治学で学ぶことができる、投票にまつわる理論を二つほど紹介します。

一つ目は、「コンドルセのパラドックス」です。突然ですが、皆さんはいくつかの選択肢から一つを決めるときに、どんな方法を使いますか？　いろいろな方法が考えられると思いますが、やはり有名なのは多数決でしょう。便利な多数決ですが、実はこの方法には重大な欠陥が隠されているのです。

三人が会議して次の日にやることを決める場面を想像してください。選択肢は、映画、ボウリング、カラオケの三つです。このとき、三人それぞれがやりたい順位で投票をするとします。ここで、やりたい順位がそれぞれ、映画＞ボウリング＞カラオケ、ボウリング＞カラオケ＞映画、カラオケ＞映画＞ボウリングとなったとすると、全て同数票になってしまって決着がつきません。さて、どうすればいいでしょうか？

それなら、最初に映画とボウリングで多数決をとって、それに勝った方とカラオケで投票をすればいいのではないかと思った方もいるでしょう。確かに、そうすればカラオケ一つに結果を決めることができます。しかし、この方法だと最初に何と何を比べるかによって最終的な勝者が変わってしまいます。例えば、映画とカラオケで多数決をとり、それに勝った方とボウリングで投票をすると、ボウリングに決まることになりますから、先ほどと最終的な勝者が異なるでしょう。

このように、三つ以上の選択肢から多数決を使って一つを選ぶときに生じる矛盾の状態を、コンドルセのパラドックスと言います。ここから、何かを決めるときに多数決は便利でも、場合によっては矛盾することに注意すべきだとわかります。

二つ目は、「中位投票者定理」です。これは、人々の好みを一直線に並べたときに、その中央値にあたる人（中位投票者）の好みが多数決で選ばれるという定理です。おおまかに言えば、A国と友好関係を結ぶべきか否かを決めるとしたら、「絶対に仲良くすべき！」という人でも「絶対に仲良くすべきでない！」という人でもなく、その間に位置するような意見を持つ有権者が支持する立候補者が選ばれやすいのです。そうすると、政治家が極端な意見を言い続けたとしても、なかなか支持してもらえないということになります。政治家はもちろん選挙に当選したいわけですから、じわじわと中道寄りに意見が傾いていく可能性があります。このようなモデルを中位投票者定理と呼ぶのです。このモデルは、ある政党が主張する意見の変化を分析するときなどに取り上げられたりします。

大学生が学んでいること

政治学を学んでいると、日々目にするニュースの見方も変わってきます。ここからは、日本の投票率に関するニュースを政治学の観点から考察してみます。

令和3年に行われた衆議院議員選挙では、投票率が過去最低の55・93%を記録したというニュースが話題になりました。民主主義を支える一つの柱であるのがこの選挙という制度であり、できればより多くの人に投票してほしいわけですが、この投票率は年々低下しています。どのような選挙制度であれば、もっと多くの人が投票してくれるのでしょうか？

その方法を考える前に、人々がどういうときに投票に行くのかを考えてみましょう。ざっくり分けると、投票をする場合に得をするとき、もしくは投票をしない場合に損をするときの二つです。それぞれの場合で考えてみます。

まずは、投票をすることで得する状況を作る方法について考えてみましょう。これについては、政治学者のライカーとオードシュックが考えた式をもとにします。

R＝PB－C＋D

R：投票することによって得られる利益（reward）

P：自分の投票が結果を左右する可能性（probability）

B：自分の投票する候補者が当選した時としなかった時の利益の差（benefit）

C：投票にかかるコスト（cost）

D：デモクラシーの維持に対して感じる価値、投票への義務感（democracy/duty）

この場合、Rが0よりも大きければ人々は投票に行き、0より小さければ投票に行かないということになります。得をする状況、つまりはRを大きくするにはどうしたらいいでしょうか。

もしPやBの値を大きくできると、より多くの人が選挙に行く制度になりそうです。現状では一人の有権者が持つ一票の重みは小さいですから、自分の投票が結果を左右する可能性も小さく感じてしまいます。これを解消するためには、例えば選挙区をより細かくして、一票の重みを大きくするという方法が考えられます。

他には、Dを大きくするという方法もあります。現在でも、選挙がいかに大事かを伝える広報活動が行われていますね。しかし、このような広報が選挙前にだけされたとすると、投票に行くことが目的になってしまい、「投票さえ行っていれば大丈夫」というようなことになりかねません。これでは、民主主義というには不十分だとも言えます。だとしたら、選挙前の広報活動だけでなく、日頃から政治について考えられるような主権者教育といった政策の実施も必要だと言えるでしょう。

ここまで投票をすることで得する状況を作る方法について考えてきましたが、ここからは投票をしない場合に損をする状況を作る方法について考えていきます。その一つの方法には、投票をしなければ罰を科すというものがあります。この方法は実際にオーストラリアで採用されていて、オーストラリアは高い投票率を保っています。しかしこの方法には、いくつかの難しい点があります。罰則を設けてしまうと、罰されたくないから仕方なく投票に行くという状況が生まれやすくなります。先ほどと同じく、投票することが目的になってしまうわけです。また、そもそも罰則を設けていい理由を考えることも難しいと言えます。選挙が義務ではなく権利だとすれば、権利を行使しないのも自由なはずなのに、それに罰を科すのはおかしいですよね。

ここまで、投票率を上げる方法について考えてきましたが、投票率に関する議論と一緒によく話題に上がるのが、若者の投票率の低さです。少子高齢化が進む今の日本では、数の少ない若者世代の力はとても小さく、先ほど記述した式でいうRを大きくするのはかなり難しいと言えます。

このようなことから、そもそも投票という仕組み自体に限界があるのではないかという議論もされていて、私たちが普段の生活で無意識のうちに発している情報を集めておいて、そこからより多くの人にとって望ましい政策を自動的に決めればいいのではないかというような意見もあります。投票率を上げることだけでなく、そもそも投票という制度から考え直す必要もあるのかもしれません。

この学問を学びたい人へ

政治学では、中位投票者定理のようなさまざまなモデルが登場します。このようなモデルが頭に入っていれば、全く別々の出来事に見えていたことの共通点やつながりに気が付くことができます。日常の中で起きていることやニュースで知ったいろんな出来事を、モデルを使って解釈したり、考察したりできるようになることは、政治学の面白さの一つでしょう。

政治に興味がある人や、人々の行動に対する理解を深めたい人にはおすすめの学問です。

第4章

教育学部

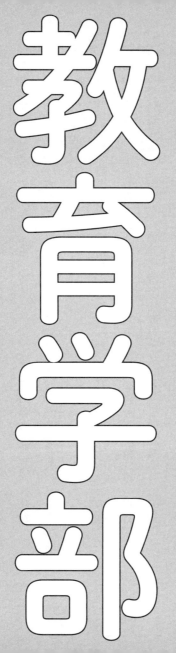

教育学部は、その名の通り「教育」についてさまざまな側面からアプローチする学部です。教育と聞くと、学校や子育てを思い浮かべる人も多いと思いますが、それだけではありません。そもそも教育とは、他人や自分をより良くするために、知識や技術などを伝える行為です。ですから、家で一人で読書をすることも、社会人になってからセミナーに参加することも教育の一つだということができます。実は私たちの身の回りには、教育が溢れているのです。

教育学部には、教員を養成するための教育学部と、教育学を研究するための教育学部という二つの側面が存在します。前者では皆さんの印象通り、教員免許を取得するのに必要な勉強をしていく一方で、後者では教育を学問として研究するための勉強をしていくという違いがあります。どちらの側面が強いかは大学によって異なるので注意が必要です。

教育学の研究では、心や知能の発達の過程を研究する教育心理学や、生まれてから生涯にわたって行う学びを研究する生涯学習、より良い授業について研究する教育方法学など幅広いテーマが扱われています。近年では、「EdTech」と呼ばれる教育学と工学が融合した教育工学というテーマも生まれました。

研究手法が多様であるというのも教育学の特徴の一つです。数値データを統計的に分析する質的研究に加え、インタビューデータなどを分析する量的研究、経験を出発点に対話を通して考えを深めていく臨床現象学などがあり、それぞれの研究テーマにあった手法が採用されています。

この章では、教職課程、教育工学、教育心理学、臨床現象学という四つのトピックを紹介していきます！

教職課程

「正しさ」とは何か？　授業内容で大きく左右される「いいこと」の多様性

教育学部には、教員免許の取得を志して勉強をしている大学生がいます。さまざまな役割が要求される教員になるべく、いろんな角度から見た教育を勉強していくのです。その勉強の中には、道徳の授業に関するものもあります。皆さんは、小中学校の頃に受けた道徳の授業に対してどんな印象を抱いていますか？　中には「『答え』が大体決まっていてつまらない」と思っていた人もいるでしょう。しかし、はたして道徳には本当に「答え」があるのでしょうか。この難しい問いについて、学校で実際に使われている教材を元に議論し、将来自分たちが教員として授業をする際に役立てようとする大学生の様子を中継します。

どんな分野？

教育学部には、大きく分けて二つの側面があるとお伝えしました。今回は、その中でも教員を養成するための教育学部という側面を紹介していきます。

教員になるためには、教員免許というものが必要です。その免許は、大学で定められた授業を受け、介護体験や教育実習などを経て初めて取得することができ、その課程を「教職課程」と呼びます。教員になるための授業だから、国語の教え方とか、数学の教え方とか、そういう勉強をしているのかと思った方も多いでしょう。もちろん、そのような勉強もしますが、それだけではありません。

まず教育者たるもの、教育そのものに関する基礎的な知識はあった方がいいですよね。教育の理念とその歴史や、現在施行されている教育制度などを学んでいきます。他にも、児童・生徒はどんなふうに発達し、学習していくのかという教育心理学に近い授業や、特別な支援を必要とする児童・生徒への理解を深める授業もあります。

また、教員は授業をするだけが仕事ではありません。皆さんも知っている学校の先生を思い浮かべてみてください。国語や数学などの授業をするだけではないですよね。進路指導や普段の悩みの相談、行事の事前・事後学習など、いろいろな接点があると思います。教員を志す大学生は、このようなさまざまな役割をこなすために必要なこと全般を学んでいるのです。

どんな授業や研究をしている？

教職課程では、教員が担うさまざまな役割を果たすための知識を学んでいくとお伝えしました。その中には道徳に関する指導もあります。

皆さんの知っている道徳の授業はなんという名前でしたか？　もともとは「道徳の時間」でしたが、2015年の学習指導要領の改訂により、「特別の教科 道徳」という名前に変更されました。つまり、教科ではないから授業をしてもしなくてもいいという扱いから、教科として授業時間を確保するという扱いに格上げされたのです。この背景にはいじめ問題の深刻化がありました。道徳の授業を通じていじめの防止につなげたいという気持ちが込められているのです。

ここまでで、道徳の授業がそんなに役に立つのかと思った人もいるかもしれません。授業で発言したり、書いたりする内容には、なんとなく答えが決まっているような、そんなイメージがある人もいるでしょう。

しかし、本来道徳というのは、答えがない教科です。答えが決まっていると感じさせず、個人の自由な意見を引き出す授業運営ができるかどうかは、その教員の力量にかかっています。

自由な道徳の授業を実現するために、大学生は道徳の目標やその評価方法を学んだ上で、学習指導要領に掲載されている道徳のテーマについて理解を深めていきます。

例えばそのテーマの一つに、「伝統と文化の尊重、国や郷土を愛する態度」というものがあります。テーマの言葉を聞いただけだと、「国や郷土を愛するべきだ！」という一つの意見を押し付けているようにも感じます。それでは、どのような授業を設計すれば、このような意見の押し付けにならずに、テーマへの理解を深めることができるでしょうか？

ある大学生は、「自分にとって郷土とはどういうものか」「懐かしいものとは何か」という観点から議論をすればいいのではないかという意見を出したといいます。決して一つの意見を押し付けることなく、多様な意見を引き出せるような問いかけが重要なのです。

大学生が学んでいること

道徳に関する指導を学ぶ授業の中では、より実践的に道徳の授業の指導案を作ることもあれば、どんな授業が良いかを議論することもあります。「正しさとは何か」というテーマに対して、どのような授業をすべきか議論した大学生が至った考えは次のようなものでした。

授業を設計する時にまず考えるべきなのが、どこまで手を貸すかという点です。数学であれば何も知識がない状態ですから、最初に解き方を教えた上で、最後に自分で解かせるという手順を踏むと思います。しかし、道徳は教えられるものではありませんよね。道徳の授業では多くの場合、教科書の物語を読んでそれをもとに話し合う授業が行われます。手を貸すとすればこの物語を読んだ後なわけですが、どんなふうに手を貸せばいいのでしょうか。

これを考える上で、まず正しさという言葉について考えてみたいと思います。「人を傷つけない」というのは当たり前に守るべきことですよね。それでは、「嘘をつく」というのはどうでしょうか？　この行為は一般に正しくないと言われがちですが、その嘘が誰かを守るためのものであったら正しいと言えないのでしょうか？　誰かを守っているのだから正しいという人もいれば、嘘をつくこと自体がダメなことだから正しくないという人もいるでしょう。このように、一つの行為を取っても人それぞれ持つ意見が異なります。

道徳の意義は、児童・生徒がお互いに感じたことを共有し合い、その違いを知ることにあります。そのためには、児童・生徒が自分の意見を言いやすい雰囲気を作ることが重要です。そのときに先生が「主人公の行いは良かった、悪かった」と決定づけるような手の貸し方をするのは良くないですよね。「主人公の悪いところはどこかな？」という意見を方向づけてしまうような問いかけではなく、「主人公についてどう思った？」というオープンな問いかけをする方が良さそうです。

まだ思考が未発達な児童・生徒たちを相手にした時、その思考の手助けをしてあげることは確かに必要です。しかし、今回のように正しさについて議論する時には、人間として当たり前に守るべきことは明確に示すとしても、それ以外の部分については何の意見も提示しないというのが良いのではないかという結論に至りました。

この学問を学びたい人へ

ものを教える立場の人間は、持っている意見が一つだけでは足りません。いろいろな角度からの、さまざまな意見を自分の中に持っていることで、押し付けではない教育をすることができるのです。そのための意見集めをするのが教職課程です。教員になりたいという人はもちろんのこと、色々な角度から物事が見られるようになりたい人にも教職課程はおすすめです。

教育工学

オンライン授業の効果を最大限引き出すには？

オンライン授業において注目されているのがテキストチャットです。対面授業と違い、相互のやり取りがしやすくなるという利点を持つ一方で、人数が多すぎるとすぐにコメントが流れていってしまったり、発言者の名前がわかってしまったりというように課題も存在しています。その点に目をつけ、オンライン授業におけるテキストチャットの良さを最大限引き出す技術を工学の力で生み出し、授業革命を行う教育学部の大学生の活動を紹介していきます。

どんな分野？

教育学の中には、工学の知識を教育学の分野に応用して研究を進める教育工学という分野が存在します。近年「EdTech」という言葉ができましたが、これは教育の現場にタブレット端末などを導入して、それを活用しながら効率よく学習を進めていく教育手法のことを指します。他にも、学習の記録をデータとして蓄積していき、今後の学習に役立てるというようなことも実施されています。

教育工学ではこのように教育の手法に工学の技術を取り入れることもあれば、教育に関する発想の起点に工学的な考え方を使ったりもします。例えば、大学の教員集団の教育能力を高めるための方法の一つに「Faculty Development」というものがあります。これは、研究者でもある大学の教員に教え方を教えようというところから始まった取り組みです。おもにカリキュラムの設計に対して評価を行い、改善していくという一連の流れを行う活動ですが、この設計、評価、改善という流れは実は工学でよく使われるアプローチなのです。

どんな授業や研究をしている？

コロナ禍でオンライン授業が急速に普及しました。オンライン授業では場所の制約がなくなり、チャット機能を使えば対面授業の時よりも気軽に質問ができるなど、良い面が多くありました。

一方で、隣の人と話している感覚がなくなってしまった点や、チャットに送った意見は全体のコメント数が多いほど流れていってしまうという点など、細かいところでうまくいっていない部分も存在しています。このような課題を、チャット機能をうまく使うことで解決できないかと考えて始められたのがこれから見ていく研究です。

さて、先ほどあげたようなオンライン授業の問題点を解決するためには、チャット機能をどんなふうに活用するといいでしょうか？　この研究では、「Think Pair Share」という教育学における知見を応用することになりました。これは授業において生徒が主体的に参加し、学びが深まる意見共有の仕方を表す言葉です。授業で、先生からの問いかけにいきなり答えろと言われても難しいですよね。そこでまず最初は一人で考えていきます（Think）。そして次に一人で考えたことをペアで共有しあって（Pair）、最後にクラス全体でその考えを共有する（Share）という流れが良いとされています。

この一連の流れをオンライン授業でも実現することができたら、より学びを深めることができます。一つの案として、ペアごとに通話のルームを設けることでこれは実現できるかもしれません。ただ準備も大変ですし、そもそも声を出せない環境の人もいるでしょう。

とはいえ、従来のチャットでは、ペアだけでやり取りすることは難しいのも事実です。

そこで、新しいチャット機能として、まず自分の意見を投稿し、その後他の人が投稿したものをペアで見せ合って、最後にみんなで共有するという段階を踏むことができるツールを研究、開発することで、オンライン授業の良さを最大限引き出すことに成功しました。

大学生が学んでいること

この研究に取り組んでいるのは、オンライン授業を受ける中でその良さをうまく使いこなせていないという課題意識を感じたある大学生です。その課題意識を大学の先生と共有しながら、工学やデザインの知識を用いて、新しいチャット機能のプロトタイプを作っていきました。

工学では、設計、評価、改善というステップを踏むことが多いというお話を最初にしましたね。今回の場合もこのプロトタイプを、ワークショップを何回も開いて実際に使ってもらい、その評価をもとに改善を重ねて、開発を進めていきました。

完成してからは、社会で広く使ってもらうために会社を立ち上げたと言います。今後の課題としては、この機能がどのように生徒に受け入れられるのかという点を研究していくといいます。授業を受けた生徒の反応の変化などを見て、機能の良い点、悪い点を炙り出すことで、より良い機能として提案できるようにしていきたいそうです。

この学問を学びたい人へ

教育工学では、技術を使うことが目的ではありません。私たちのより良い生活、教育を実現するためには、どんなものが必要かというところから議論が始まり、それに合わせて技術を応用していこうという考え方がされています。私たちが生活する中で感じた課題意識など、とても身近なところから研究を始めることができるというのが、この学問の魅力です。

教育心理学

計算ドリルでの勉強は時代遅れ!? 時代の最先端をいく授業とは？

教育心理学の分野では、学習において理解がどのように深まるのかが研究テーマの一つです。このテーマに関する研究を基盤として、どのように学習をしたら理解が深まりやすいのか、効率が良いのかを学ぶ授業では、大学生が実際に理解が深まりやすい問題を作成することもあります。今回は、授業で学ぶ内容とともに、大学生が実際に作成した問題を見ていきましょう。

どんな分野？

教育学部では、人が学ぶ過程について研究している人たちがいます。学ぶ過程を研究するにあたっては「どんな環境で学ぶのが良いのか」「どんな手法で学ぶのが良いのか」というようにさまざまな切り口が存在します。今回はその中でも、「教育心理学」の視点からの研究を紹介していこうと思います。

教育心理学とは、心理学の観点から教育を考える学問のことで、心や知能の発達の過程でどんなことが起きているのかというようなテーマを扱うことが多いです。

例えばこんな感じです。

「学んでいる時の脳はどんな動きをしているんだろう？」
「心にはどんな作用が生まれているんだろう？」

そんな風に、学びの始まりと終わりの間に、私たちの頭の中で起こっていることを明らかにするのです。ではそれはどのように研究するのでしょうか。

「これは教育心理学だ」と主張するためには、その研究過程でいくつかの条件があります。

①心理学の知見を土台にして考察すること
②実験、調査、観察、面接という心理学の方法を用いること
③結果を統計的に処理すること

これだけ読んでも何がなんやらという感じですよね。一つずつ説明していきましょう。

①の「心理学の知見を土台にして考察する」というのは、これまでに教育心理学の分野で成果を残してきた偉大な研究者たちの考えを参考にしようということです。その代表的な研究者としてピアジェとヴィゴツキーがいます。彼らは「子どもはどのように発達していくのか」という興味関心を持ち、ともに後世に大きな影響を及ぼして、比較されることも多い研究者です。同じ分野を研究していても、実はその学説は相反すると言ってもいいような内容です。簡単にまとめると、学ぶ過程で着目している点が、ピアジェは「個人の頭の中の発達」、ヴィゴツキーは「社会的な他者との交流を通しての発達」という違いがあります。つまり個人そのものを見ているか、他者との関わりを見ているかという違いです

ね。このような、教育心理学におけるさまざまな考え方を土台にしながら、研究を進めていこうという条件が①です。

②の「実験、調査、観察、面接という心理学の方法を用いる」というのは、手法に関する条件ですね。研究をするといっても、本や資料をたくさん読み込んで研究する人もいれば、アンケート調査を実施してそれを分析して研究する人もいて、どんな方法を使うかはその人の研究内容次第です。そして教育心理学の場合は、実験、調査、観察、面接を使うということです。この四つをざっくりまとめると、行動を観察したり、話を聞いたりしながら、人間が考えていることや頭の中で起こっていることを明らかにしようという方法ですね。

③の「結果を統計的に処理する」というのは、数字で結果を表そうというスタンスです。高校生になると、多くの学校では数学で「確率分布」や「統計的な推測」というような分野を学習します。統計的に処理するというのは、まさにこのような考え方を用いながら、数字を使い結果を明らかにしていくことだと言えます。統計的に処理すると「この結果は私が勝手に言っているんじゃなくて、客観的に見ても正しいんだよ」と主張できます。ですから研究成果を自信を持って世に出すことができるわけです。

どんな授業や研究をしている？

突然ですが、皆さんは学校でどんな学力を得ましたか？　計算ができる力、何も見ずに漢字が書ける力など、さまざまなものが思い浮かぶと思います。教育心理学で進められている研究の一つでは、二つの学力が登場します。それが、「できる学力」と「わかる学力」です。それぞれ説明していきましょう。

まず、「できる学力」とは解き方が一つに決まっている問題を、何回も繰り返し解くことで解き方を覚え、「できる」ようになる学力のことです。計算ドリルで何回も問題を解いて得られるような学力のことですね。

一方で、「わかる学力」とは、多様な考え方ができる問題を、自分が既に持っている知識や考えを結びつけながら考えることで、「わかる」ようになる学力のことです。

この二つの学力は、どちらの方が大事だということはなく、学力の両輪としてどちらも重視されています。

しかし、ここで問題となるのが、日本の子供たちは「わかる学力」が弱いという点です。皆さんにも普段の学校生活を思い浮かべてほしいのですが、一人で黙々と問題を解いていく授業と、みんなで話し合いながら考えていく授業、どちらの方が多いでしょうか？　最近では「アクティブラーニング」と呼ばれる話し合いの授業なども実施されることが増えてきましたが、それでもあまり多くはないと思います。その原因の一部には、「できる学力」が重視されてきたという日本の教育の特徴と、「わかる学力」を伸ばすための授業に関する知見の少なさがあげられます。

「わかる学力」を伸ばすための授業とはどんなものなのか、学校現場で実践するために、「わかる学力」を伸ばす方法を考えるのがこの研究なのです。

大学生が学んでいること

「わかる学力」についての理解を深めるため、ある授業で「わかる学力を伸ばすことができる問題を作成せよ」という課題が出されました。ある教育学部の大学生が作った問題は以下のようなものです。

【問題】

水洗いでは油汚れをなかなか落とすことができないが、なぜ石けんを使用すると油汚れを落とすことができるのか。石けんに含まれる界面《かいめん》活性剤は以下のような細長い形状をしており、親水性の高い部分と低い部分から構成されているということを考慮して説明せよ。

（高校一年生・化学）

身近にある石けんに関する問題ですね。実際には高校一年生の化学で習う内容ですが、「水と油は混じり合わない」という知識さえあれば、この問題は小学生でも解けてしまう問題でもあります。考えるべきポイントは二つ。一つは、「界面活性剤が水の中に入ったらどうなるのか」、もう一つは「水の中で親油性の高いもの同士が出会ったらどうなるのか」です。さて、あなたは解けるでしょうか？

答えはこうです。

【答え】

図　界面活性剤の構造

石けんに含まれる界面活性剤は親水性の高い部分と親油性の高い部分があり、水と油は混じり合わないという関係から、前者は外側に、後者は内側になるようにして球状に集合する。油汚れは水に馴染まないため水洗いではなかなか落ちないが、この球体が油汚れに近づくと、内側の親油性の高い部分に油汚れを取り込んで、油汚れを落とすことができる。

界面活性剤が水の中に入ったら、親油性の部分が水と分離しようとして、内側に入り込みますよね。それが集まると、球体になるわけです。この球体は「ミセル」と呼ばれるので、高校一年生の化学で習います。この知識を授業で一方的に伝えられるよりも、一度自分の頭で考えて、周りの人と話し合う中で理解する方が、わかる学力の獲得を促すことができるのです。

この学問を学びたい人へ

教育学部では、その研究を実際の教育活動に生かすということを想定して取り組まれることが多いです。それゆえ今回ご覧いただいたような実践的な課題も、教育学部に進学するときっと出会うことでしょう。教育学部というとどうしても先生になるというイメージが強いと思いますが、学ぶことは学校に限らず広く行われている営みです。学校に興味がある人だけでなく、より普遍的に学ぶことに興味がある人にもおすすめの学問です。

参考文献：藤村宣之、橘春菜、名古屋大学教育学部附属中・高等学校編著『協同的探究学習で育む「わかる学力」　豊かな学びと育ちを支えるために』（ミネルヴァ書房、二〇一八年）

臨床現象学

推しとリア恋の違いってなんだろう？

自分や他の人の経験を出発点にして考えを深めていく分野を臨床現象学と言い、教育学を研究する際にも用いられる手法です。その実践編の授業では、臨床現象学の手法を身につけるために、「当たり前を疑う」をテーマとしたディスカッションが展開されています。今回は、そのうちの一つのトピックである「推しとリア恋の違い」について、臨床現象学的に考察した大学生の考えをもとに、教育学への理解を深めていきましょう。

どんな分野？

教育学で使われる研究手法の一つに、臨床現象学というものがあります。臨床現象学とは、自分の経験を深掘りしていって、みんなに共通しているものを探し出そう！　というスタンスの学問のことです。ポイントは、自分の経験が出発点になっているということ。例えば、「恋愛ってどういうことなんだろう？」と思った場合、実験をするのでも、観察をするのでもなく、自分が恋愛をした経験をベースに考えていくのです。臨床現象学の考え方がわかったところで、それがどうやって教育に関する研究に結びつくのか不思議に思った方も多いかもしれません。

この疑問を解消するために、まずは皆さんが幼いときに大人に怒られた経験について思い起こしてみてください。「食べ物を粗末にしてはいけない」「自分が嫌なことを他の人にしてはいけない」というように、色々な注意をされた記憶があるのではないでしょうか？こうして注意される中で、「食べ物は粗末にしてはいけないんだ」「自分が嫌なことを他の人にしてはいけないんだ」と考えるようになっていったのではないかと思います。

大人が子供の考え方に変化を起こす行動、これは一種の教育だということができます。

このように、考え方に変化を起こす行動としての教育は、子供が社会で生きていく力を育むためには必要なものでしょう。しかしその一方で、無理やり考え方に変化を起こすのは、暴力的なのではないかとも言われます。

「平和教育」について考えてみましょう。平和教育では、戦争についての話を聞いたり、戦争にまつわる場所を訪れたりする場合が多いです。皆さんは、このような平和教育を受ける中で、「戦争はとても悲惨なこと」「今の平和があるのは当たり前じゃないんだ」というように、戦争や平和に対する考え方が変わったのではないかと思います。しかし中には、戦争の話を聞いて感情移入しすぎてしまう人がいます。そういった人たちは、自分は戦争を実際に経験していなくても、戦争にまつわるものを見たときにその出来事が蘇って、激しい不安や緊張、辛い思いにさらされてしまうことがあります。つまりは、平和教育によって戦争に対する考え方が変えられてしまったことで、嫌な思いをする可能性があるということです。

こういったことから、「嫌な思いをさせずに平和教育をするには、どうしていくべきか」という問いを立てることができます。この時に役に立つのが、先ほど説明した臨床現象学です。「自分が平和教育を受けた時はどうだったか?」「平和教育を通じて、これまでどんな変化が起きた生徒がいたのか？」というように、自分の経験や他の人の事例を出発点として、より良い平和教育を模索していく試みが続けられています。このように自分自身や他者の認識を変化させることを基盤とした「教育」の在り方を探究していくのが、教育における臨床現象学です。

どんな授業や研究をしている？

臨床現象学を学ぶ授業の一つに、ディスカッションをメインにした授業があります。毎回自分たちで、一つか二つのテーマを決めて、グループでそのテーマについて30分ほど話をしていきます。

先ほども述べた通り、臨床現象学は個人の経験から考えを出発させていく考え方のことでした。この授業のディスカッションでも、自分の経験をベースにしながらテーマについて考えていくことで、現象学的な考え方を身につけることが目的とされています。

ディスカッションのテーマには、皆さんにも身近なさまざまなものが採用されています。その中には下記のように恋愛にまつわるテーマなんかもあります。

「恋愛における依存とは？　依存してしまうのはなぜ？」
「推しとリア恋の違いは？」
「デートDVが起きるのはなぜ？　どういう人がデートDVを起こしやすい？」

また、ジェンダーにまつわるテーマもよく扱われます。「身体的な特徴をもとに分けた性別」がセックスと呼ばれるのに対して、ジェンダーは「社会的、文化的に作られた性別」のことを指します。「料理は女がすること！」などと言われることがありますが、これは体の構造的に女性の方が料理が得意だから言われているわけではないですよね。女性よりも料理が得意な男性はたくさん存在します。そうではなくて、「男は仕事、女は家事」という家庭文化からこのような考えが生まれたとされています。つまり「料理は女がすること！」の「女」は、文化的に作られた性別のことをいっているわけです。

ジェンダーの分野では、「男らしさ、女らしさとは何で決定されているのか？」というようなテーマが扱われています。

大学生が学んでいること

ここからは、テーマを一つピックアップして、実際に大学生がディスカッションで考えたことを紹介していきます。皆さんも、自分の経験と照らし合わせて考えながら読み進めていってみてください。

今回のテーマは、「推しとリア恋の違い」です。「推し」はアイドルや俳優など、他の人に勧《すす》めたいくらい好きな人のことを指し、「リア恋」はそのような人物に「リアルに恋している」ことの略称です。どちらも大好きな人がいることに変わりはないですが、どういったところに違いがあるのでしょうか？

この二つの違いを考えるために、推しの特徴について考えていきます。皆さんも自分の推しを思い浮かべてみてくださいね。

ディスカッションでまず一つ目に挙がったのが、特定の人物に没頭しているかどうかという点です。他には、応援したり、相手を気遣ったりというような意識の有無も挙げられました。また、普通の恋愛と違う点として、間にへだたりがあるという指摘も出てきました。

それでは、ここまで出てきた三つの特徴をリア恋にも当てはめて考えてみましょう。ディスカッションでは、グループの中でリア恋をしている人の経験をもとに話を進めていきました。まず、特定の人物に没頭しているというのは当てはまるそうです。応援したり、相手を気遣ったりというような意識もあると言います。しかし、間にへだたりがあるということについては否定の意を示しました。というのも、推しとしてみているよりも格段に、心理的距離が近いというのです。

以上のようなディスカッションから、「推しとリア恋の違いは？」という問いへの回答は、「心理的距離の近さ」だという結論が出ました。

ディスカッションをするグループのメンバーが違えば、出てくる経験が違います。そのため、また違った結論が出てくるかもしれませんね。

この学問を学びたい人へ

自分の経験を出発点にして、自分の思考をより深く理解したり、他の人の経験を聞いて自分の考え方が変わったり、さらには誰しもに共通する人間の本質的な部分を描き出すというような営みが臨床現象学ではされています。

教育にまつわるさまざまな問題について、理論から考えていくのではなく、自分の経験や事例から考えていきたいという人は、臨床現象学という手法を学んでみてはいかがでしょうか?

第5章
文学部

文学部とは、人間の生み出した文化や人間そのもののあり方を研究する中で、人間への理解を深める学部です。このような大きな目的を掲げているからこそ、文学部ではさまざまな分野、学科が存在する場合が多いです。

例えば、「人間の営みとは何か?」という問いに関連する学問としては、文学や美術史学、言語学などが挙げられます。文学作品、絵画や彫刻などの美術品、言語はいずれも人間が生み出したものですよね。それを作り出した人たちが、どんなことを考えていて、どんな社会を生きていたのかを分析することで、時代を超えた人間への理解を深めていきます。

また、「人間とは何か?」という問いに関連する学問としては、心理学や宗教学、哲学などが挙げられます。心理学と聞くと心理テストなどをイメージする人も多いかもしれませんが、実際の心理学では、たくさんの人を対象に実験をする中で、人間の認知の特性や感情の動き方などを解き明かしていきます。日々さまざまなものと触れ合う私たちの内側で、どんなことが起こっているのかを研究するということですね。宗教学や哲学でも、思想を通して人間そのものへの理解を深めていきます。

これらの学問に加えて、私たちの先祖が残してきた歴史や、私たちが生きる社会も文学部の研究対象です。このように、さまざまな視点から人間について研究していくのです。

この章では、言語学、国文学、美術史学、心理学、哲学、歴史学、社会学という七つのトピックを紹介していきます！

言語学

英語で「チート」は騙すという意味。では日本語だと？

音声や文法など、さまざまな側面から言語に迫る学問を言語学と言います。言語学では、昔から使われている語から、海外から輸入されて新しく使われるようになった「新語」と呼ばれる語まで、幅広く扱います。「火にかける」はどうして「かける」というのか、さまざまな使われ方がされている「チート」はどんな意味なのか。よくみてみると「どうして？」となることが多い言語学の研究に触れていきます。

どんな分野？

言語学というと、英語などの外国語を話せるように勉強しているイメージがあるかもしれませんが、実はそうではありません。言語の成り立ちや処理のされ方など、言語そのものを研究するのが言語学です。

言語学にはざっくり分けて二つの分野が存在し、話し言葉を対象に音声を研究するものと、書き言葉を対象に文法を研究するものに分かれます。

音声を研究するものの中には、音韻論という分野が存在します。「田んぼ」「飛んだ」「トング」「牛タン」と発音してみてください。この四つの言葉には全て「ん」が入っていますよね。ここで、「ん」と言った時の口や舌の形に注目して、もう一度四つの単語を発してみてください。どうでしょうか？　全て口や舌の形が異なっていたはずです。このように、同じ文字でも、発音の仕方が異なるものがあるのです。色々な言語でこの音の関係性を研究することを音韻論と言い、言語学の一分野となっています。

他にも、言語の歴史を研究する歴史言語学という分野も存在します。この分野の研究では、日本語では昔、「ハ行」を今でいう「パ行」のように発音していたと言われています。

すると、「ハハ」は「パパ」と読んでいたことになります。つまり、千年以上昔の日本では母親のことを「パパ」と呼んでいたかもしれないのです。このような言語の発音や意味の変遷を追う研究も存在しています。

ここまででもわかる通り、言語学の研究対象は、人が自然に話している言葉です。ですので、研究をする時にも、実際に現地の人の言葉を聞きながら研究を進めていく場合が多いです。

もう一つ別の例を出すと、大阪にあるテーマパーク、ユニバーサルスタジオジャパンは略して「ユニバ」と呼ばれることが多いと思います。「ユニバ」という時の、関西圏の人と関東圏の人との発音を比べてみると、関西圏の人は「ニ」の音が高くなるようなアクセントがつくのに対して、関東圏の人は「ユニバ」を平坦に発音します。こういった事実は実際にその方言や言語を話す人でないとわかりませんから、実際に現地の人の言葉のデータを収集して、研究を進めていくのです。

どんな授業や研究をしている？

ここからは、言語学の中でも、言葉の構造を探る形態論について解説します。

理科の分野で、物質を分子や原子の単位に分けることができるように、言葉も細かく分解することができます。例えば、「言語学」という言葉は「言語」と「学」に分けられますよね。一方で、「花」や「紙」はこれ以上分けられません。このような言葉の最小単位を「形態素」と呼びます。このように、一つの言葉に注目して、言葉を形態素の単位まで分解しながら、どういうふうに成り立っているのかを探っていくのです。

具体的な研究の一つに、意味が結びついている箇所を調べる研究があります。「偽狸汁」を、皆さんはなんと読みますか？「にせたぬきじる」と読んだ人は、「偽」と「狸汁」の間で意味を分けているといえます。一方で、「にせだぬきじる」と読んだ人は、「偽狸」と「汁」の間で意味を分けていますね。このように、読み方から意味が結びついている箇所を調べていくこともできるのです。

他にも、形態論でよく扱われるものに「接辞」があります。これは、それ自体は単独では用いられず、他の語に付けられて新たな語を作る要素のことです。「高い」という形容詞に「さ」をつけると、「高さ」という名詞になりますよね。他にも、「重い→重さ」「広い→広さ」、「暑い→暑さ」というように変化させていくことができます。接辞があることで語の広がりが生まれているのです。

この接辞には生産性という基準が存在します。「み」という接辞について考えてみましょう。「高い」や「重い」といった形容詞は、「高み」「重み」という名詞に変えることができます。しかし、「広さ」「暑さ」だったらどうでしょうか？「広み」「暑み」とは言わないですよね。このように同じ接辞でも、新しい語を作りやすい接辞と、そうでない接辞とがあります。「さ」のような新しい語を作りやすい接辞を生産性が高いといい、「み」のような新しい語を作りにくい接辞を生産性が低いというのです。

他にも、「○○る」という言葉を考えてみましょう。皆さんはどんな言葉に「る」をつけるでしょうか？グーグルで検索することを「ググる」と言いますが、これは検索エンジンの名前である「google」を略して、それに「る」をつけた語ですね。他にも大きな話題になることを「バズる」と言いますが、これは英語で蜂がブンブン飛び回る様子を表す「buzz」に「る」がつくことで構成されています。このような「ググる」や「バズる」といった語は、海外から輸入された語からできたもので、新語と呼ばれます。新語ができるということは、それだけ「る」の生産性が高いといえそうです。

大学生が学んでいること

言語学にはさまざまな分野があり、その分研究テーマも多様です。ある大学生は「チート」という新語について研究をするそうです。英単語「cheat」とは、「騙す」という意味です。しかし、日本語の「チート」はどのような意味で使われているでしょうか？「騙す」以外にも、「ゲームの改造ツール」であったり、「異常に強化された状態」であったりと、さまざまな意味で使われていますよね。

「チート」という新語を題材にした時、どのような研究が考えられるでしょうか？例えば「なぜそのような意味で使われるようになったか」という問いで研究を進めていくことができます。あるいは「〇〇チート」や「チート〇〇」という言葉が存在するだろうか、というように「チートという語の生産性は？」という問いも考えられるでしょう。このように、同じ題材でも、切り口によってさまざまな研究をすることができるのです。

研究を進めていく時には、第一にその語に関するデータを集める必要があります。言語学では、実際に現地まで行って調査を進めることが多いという話をしましたね。この時、現地の人の言葉のデータを集めると言っても、1人や2人では偏りが生まれてしまって、信頼性が足りません。最低でも10人から20人、より厳密な調査をするなら100人くらいのデータを集めなければなりません。しかし、大学生のうちから現地で何十人ものデータを集めるのは大変なことですよね。そこで使われるのが、たくさんの人の発話が掲載されたデータベースです。

例えば、「それ＋は＋奇跡＋だ」という条件で検索すると、そのように発話しているデータが場所と年代の情報（「栃木県20代男性」というように）と共に出てくるのです。このデータベースでデータを集めながら、さまざまな研究テーマを進めていきます。

しかし、「チート」のような新語は、データベースにはあまり載っていない場合もあります。そんな時には、ツイッターなどのSNSからデータを集めて研究を進めていきます。このように、題材に応じて必要なデータを収集することが、言語学研究で重要なことの一つなのです。

この学問を学びたい人へ

「電話をかける」と言いますが、なぜ「かける」というのでしょうか？　突然ある人が電話することを「電話を飛ばす」と言おうと決めたとしても、それは日本中で使われるほどには浸透しないでしょう。どうして「かける」と言うようになったのか、あるいは公衆電話から電話するときはどうなのか、LINE通話だとどうなのかと想像していくと、「電話をかける」という言葉の裏にも何らかの理由が存在するはずなのです。このように、言葉の持つ不思議に気付いてしまったことがある方にはおすすめの学問だと言えるでしょう。

言語学の題材は、言語というとても身近なものです。よく知っているように思えても、「ん」の発音や接辞の生産性など、新しい発見が多かったのではないでしょうか？　身近なものなのにたくさんの新しい発見があるのは、言語学の魅力だと言えるでしょう。

国文学

「あかつき」ってどんな時間？

源氏物語の作者・紫式部が一つ一つの表現に込めた想いに迫る

古文を少しでも勉強した人なら、「丑三《うしみ》つ時」や「あけぼの」「夜半」など、さまざまな時間表現を目にしたことがあるはずです。多くの人はきっと、こうした表現が示す時間にしか注目していないでしょう。しかし、実は一つ一つの時間表現にも、込められた思いや暗示された意味がありうるのです。源氏物語のあらゆる場面で登場する時間表現を丁寧に追いかけることで、紫式部が、ひいては当時の人々が「あかつき」という言葉に込めていた真の思いを探っていきます。

どんな分野？

「文学部」という名前でありながら、いわゆる「文学」以外にもさまざまな学問が含まれる文学部。ここでは、そんな文学部の中で一種の王道とも言える「国文学」を紹介します。国文学や日本文学と呼ばれるこの分野では、その名の通り、日本語の文章を扱います。ただし、当然ながら日本で出た作品すべてを研究対象とすることはできないので、時代ごとにある程度区切って、それぞれの時代ごとにどんな作品が出てきたかを見ていくことになります。代表的な時代区分の一つは、上代・中古・中世・近世・近現代の五つです。

国文学を学ぶ際、時代を超えて共通するのは、「書かれた文字によって成立したテクスト（本文）を分析する」という姿勢です。この基本姿勢に、中世（鎌倉～戦国期）なら和歌への理解、近代（明治以降）なら当時の政治的背景など、時代によって異なる論点や、文学以外の分野に関する情報を加えて勉強・研究していくことになります。

さて、本文を分析するのが基本姿勢だと言いましたが、ここでの「本文を分析する」とは、自分の主張や現代で流行する思想などによって作品を断じるのではなく、あくまで作品そのものと純粋に向き合うということ。つまり国文学は、作品から何らかの思想を抽出するのではなく、作品がなんと言っているかを純粋に探究する学問なのです。

どんな授業や研究をしている？

そんな国文学の代表的な研究は、それぞれの時代ごとに存在します。

まず中古（平安期）では、中古文学と呼ばれる多様な文学作品を扱います。古今和歌集で知られる和歌文学ももちろん有名ですが、この時代は、何と言っても伊勢物語・源氏物語などの物語文学や土佐日記・蜻蛉《かげろう》日記などの日記文学、枕草子で知られる随筆など、いわゆる仮名文学と言われるジャンルです。このあたりの作品名は、中高生でも聞いたことのある人が多いですよね。

例えば、源氏物語の研究の中には、「鶏鳴《けいめい》」という表現に注目したものがあります。これは文字通り鶏が鳴くことやその鳴き声を指し、そこから転じて朝方のことを指すようになりました。この表現について源氏物語ではどんな文脈で使われているのか、少し前の時代の作品とで使い方はどう違うかなどを探究することによって、源氏物語という作品の特殊性や、歴史における位置づけなどを明らかにしようとするものです。

中世の特徴は和歌と仏教です。なかでも有名な詠み人が西行法師でしょう。当時僧侶は世俗的な行いが禁じられており、和歌もその一つでしたが、西行法師は仏教僧であったにもかかわらず人々にも伝わる平易な言葉や方便を使って仏教に関連した和歌を詠むことで、むしろ仏教の教えを効果的に伝えられるのではないかと考えました。こうした時代背景をもとに西行法師の読んだ和歌を読むと、その和歌がどんな思想を背景にしているかがわかったり、予備知識なしに読んだときとは別の解釈ができるようになったりするのです。このように、当時の時代背景や作者の人生などについて理解することで、本文や作品の理解がよりいっそう深まることがあります。

他にも、近世（江戸〜明治前期）で特徴的なジャンルに「洒落本《しゃれぼん》」があります。洒落本とは、主に江戸時代に発達した小説形態の一種で、遊郭などでの遊びについて面白おかしく写実的に描いたものです。この洒落本をより深く分析するためには、江戸時代の社会情勢や法制度について理解する必要があります。というのも、洒落本が流行した頃、当時の江戸では風俗を正すための法令が制定され、これによって洒落本に対する規制が強まったからです。そこで洒落本は一時的に衰退しますが、次第に規制をバネとした新しい作品が生まれることになります。この背景を踏まえると、規制後に生まれた作品が規制の穴を巧妙にかいくぐるように書かれていること、ひいては当時の人々が洒落本という文化を途絶えさせまいとしたことが読み取れるのです。

大学生が学んでいること

ここからは文学部で学ぶGさんによる、源氏物語における時間表現に関する研究についてざっくり解説します。

Gさんは源氏物語でさまざまな時間表現が用いられていることに注目し、特に、同じ時間を違う言葉で表していることに関心を持ちました。そこから、多様な時間表現の使い分けについて調べることで、それぞれの表現がどんな意味を持っているのか、それによってその場面にどんなイメージが付与されるのかを明らかにしようとしているそうです。いわば、時間表現で源氏物語というテクストを切り取った時にどうなるか、という研究ですね。

その内容について、もう少し具体的に見てみましょう。源氏物語は同時代の他作品と比べても時間表現に敏感です。この時代の作品で有名な和泉式部日記では、男女の逢瀬《おうせ》の翌朝をすべて「つとめて」という語で表現しています。一方源氏物語では、「朝ぼらけ」「明《あけ》暮《くれ》」「東雲《しののめ》」などの語が、頻繁かつ豊富に登場します。それも、同じ意味の言葉をただ言い換えて表現しているわけではなく、場面によって使い分けているように読めるのだそうです。

なかでもGさんは「暁《あかつき》」という言葉に着目して、現代における「暁」という言葉が持つ意味・イメージとも比較しながら調査を進めています。現代では、暁といえば夜が明けること、視覚的に明るくなってきた時間のことを指すことが多いです。一方源氏物語では、寅《とら》の刻《こく》（午前三時）、つまりまだ日が昇る前の時刻を指しているように読み取れるのだそうです。そして暁という表現は、逢瀬を遂げた男女が別れるシーンでよく出てくる表現とのことでした。

ここから皆さんはどんな疑問を持ちますか？

Gさんは、「時計もない平安時代において、まだ真っ暗なうちからどうやって男女は時刻を判断していたんだ？」という疑問を抱き、それについて考えました。すると、当時の文化的背景を踏まえた結果、光ではなく音、つまり視覚ではなく聴覚からの情報を頼りにして寅の刻を把握していたことが推測できたそうです。

当時の人々がこの時間に聞いていた可能性があるのは、鳥の鳴き声や鐘の音です。当時の僧侶が朝の勤行《ごんぎょう》をはじめるのがちょうど暁の時間だったため、寺の鐘を聞くことで、人々も時間を把握できたのだろうとのことでした。他にも、夜の番をしている宮中の役人が、寅の刻になったらその時間を告げて回る習慣もあったようです。

こうして時間を知った男女は、「もうこんな時間だから別れないと」と言って別れたわけですね。

では、どうしてこの時間に別れるのでしょうか？

ここでは、寅の刻はまだ日が昇る前で暗いこと、また多くの人にとって行動を開始する時間であることが重要です。当時男女が会っていることは、特に源氏物語における逢瀬の場合は、人に見られると困るものでした。そこで、まだ外が暗く人々が行動を始める直前に別れることで、女のもとに通っているのがバレないようにしたのだろう、ということです。

この学問を学びたい人へ

もちろん、現代を生きる私たちにとって、昔の世界の様子を実際に確かめたり、作者に意図を直接聞きに行ったりすることはできません。ある一つの答えを決めることは困難です。しかしだからこそ、「単なる感想ですよね」と言われないためにも作品・テクストを熟読し、できる限りの文献や資料を集めることによって「今わかる範囲の証拠を積み上げたらこうやって読めるだろう」と主張することが重要になります。これこそ、国文学の営みの面白さと言えるでしょう。

また、国文学は日本の作品について扱うため、現代日本の文化につながる教養を得ることにもつながります。すると、現代の文化的作品や娯楽を見たときに、「これにはこういう背景があったんだな」とわかるようになります。

そういうことを楽しめるか、文学が好きかどうかが、この学問を学ぶ上では最も大切になるでしょう。その意味では、中高で習う現代文や古文が好きな人は、国文学に向いている可能性が高いと言えるかもしれません。

美術史学

とにかく絵が好き！　美術オタクから見える世界

美術史学では、絵画や彫刻などのさまざまな美術品について学びます。そしてここには、屈指の美術好きが集まっています。多くの人が「綺麗だな」という感想で終わる絵でも、彼らの目から見れば一味違って見えてくるのだとか。彼らの目から見た世界はどのように見えているのか？　1ヶ月に10以上の展覧会に通う大学生がその世界をガイドします。

どんな分野？

皆さんは美術館と聞いてどんなイメージを持ちますか？　作品を見るのが好きでよく行

く場所だという人もいれば、静かで少し近づきにくいイメージを持つ人もいるでしょう。今回は、そんな美術館に展示されるような美術作品に関連する研究を行う「美術史学」についてご説明しましょう。

美術史学でよく行われる研究としては、個別の作品について、もしくは作者についての研究が挙げられます。また、作品が今までどんなふうに扱われ、売買されてきたのかという社会的な側面についての研究も行われています。

画家の研究では、その画家がどんなヒト・モノに影響を受けて、どのように作画を変化させていったのかを分析したりしていきます。「ひまわり」でよく知られるフィンセント・ファン・ゴッホの研究であれば、画家の駆け出しの頃は暗い色味の作品が多かったものの、日本の浮世絵などに影響を受けて次第に黄色を中心とした明るい色味の作品を作るようになっていったことなどが明らかにされています。

他にも、二次元的に描かれていた絵が、三次元的に描かれるようになっていくという時代ごとの表現方法の変化や、作品によく用いられたモチーフについての研究など、美術作品に関連するさまざまなことが研究対象になります。

このようにして、美術作品を広い視点で扱う美術史学ですが、この美術史学と名前が似ている学問に、「美学」というものがあります。美学とは「美しいとは何か」「何をもって美術品と言うか」というような美術の前提について研究する学問です。研究過程では美術作品を見ないことも多く、名前は似ていますが全く異なる学問分野だと言えるでしょう。

どんな授業や研究をしている？

美術史学研究の第一歩は「ディスクリプション」から始まります。ディスクリプションとは、作品に描いてあることを記述することです。簡単そうだと思うかもしれませんが、実はこれがとても大変で難しい作業なのです。

皆さんが美術館などで美術作品を前にしたとき、心の中ではどんなことを思いますか？「緑色が印象的で綺麗な作品だな」とか「全体的に色が暗くて少し怖い作品だな」とか、さまざまなことを思うでしょう。しかし、ぱっと見の第一印象で感想が終わっていることが多いのではないでしょうか？　そこで止まらずにじっくりと見てみると、その作品の新しい一面が見えてきます。美術史学のディスクリプションでは、何が書かれているかはもちろんのこと、どんな色彩が用いられているのか、どんな輪郭で描かれているのかというような、本当に細部の細部まで観察して言葉にしていきます。そうして初めて、作品の特徴を摑むことができるのです。

もちろん、この作業は一つの作品だけで終わっていいわけではありません。さまざまな時代の、さまざまな画家の作品を広く、深く鑑賞することで、当時のその作品の位置付けや、他の作品と比較したときの特徴などがわかるようになってきます。つまりは、鑑賞経験を積み重ねることで、美術史学研究を進める上で重要な「美術作品をみる目」を養っていくのです。

美術史学におけるディスクリプションの重要さがわかったところで、実際に作品を見ていきましょう。まずは次ページの、エドワール・マネが描いた「フォリー・ベルジェールのバー」という作品です。皆さんも、どんな特徴がありそうかを考えながら見てみてください。

これをよく見ると、中央に描かれた女性の後ろが鏡になっていることがわかります。鏡越しに、女性と向かい合う男性やバーで歓談を楽しむ人々を窺い知ることができます。この鏡の表現で、何か感じることはありませんか？　この部分での違和感の一つとして、鏡に映る女性の後ろ姿が右に寄りすぎているという点が挙げられます。マネの技量を踏まえると、これがただの描き間違いだとは考えにくいです。それではなぜ右寄りかというと、絵の自然さよりも、女性の後ろ姿を際立たせるという目的があったからではないかと考えられています。

他にも、この作品の印象的な点として、女性の表情が挙げられます。バーという場所で、喜怒哀楽のない、少し虚ろな目をした表情を採用したのはなぜなのでしょうか？　その謎を解く鍵の一つに、マネが生きていた当時、バーに立つ女性は訪問客に誘われることがよくあったという事実があります。娼婦（対価を得て性行為を行う女性）ではないのに、男性に誘われるという娼婦的な一面も持ち合わせた女性店員のなんとも言えない気持ちが、この無表情に表れているのではないかと言われています。

ちなみに、この作品で際立つ鏡の表現ですが、これはディエゴ・ベラスケスの「ラス・メニーナス」にも登場します。この作品は見たことがある人も多いかも

図　マネ「フォリー・ベルジェールのバー」

しれませんね。このような関連性から、マネはベラスケスから影響を受けて、鏡の表現を用いたのではないかと言われています。このようにして、作品の表現方法から、画家同士のつながりを見出すこともできるのです。

大学生が学んでいること

美術史学を学ぶ大学生は、美術作品を鑑賞してレポートを書くという課題が課されることも多く、実際に美術館に行って美術作品を鑑賞する機会がたくさんあります。美術史学研究では、美術作品の鑑賞経験が重要だと先ほども述べましたが、実際に美術館に行くことでその経験を積み重ねているのです。

とはいっても、展示されているすべての作品を見るのはかなり体力のいることですよね。

図　ベラスケス「ラス・メニーナス」

ですので、興味を持ったものなど、いくつかを選んでじっくりと鑑賞していきます。ここからは、美術史学を学ぶ大学生が美術館で、どんなまなざしで作品を鑑賞しているのかを追っていきます。

まずは、その作品を見て浮かんできた第一印象を素直に受け取ります。そこから、作品を見る距離や角度を変えながら鑑賞していきます。さらには、作品に近づいて、細部までその特徴をメモしていきます。「家の中に人が並んでいる」というような、見てわかるようなことでも言葉にしていくことが重要です。

とても細かいものを見るときには、オペラグラスを持って行って鑑賞することもあります。美術史学を専攻している大学生は、マイオペラグラスを持っているとか。

また、写真と実物との違いを見るのも鑑賞する上での一つのポイントです。作品は写真でも見ることができますが、表面の凹凸や実際の色彩は、実物と写真とでは全く異なってくるからです。こんなふうにして、作品に何が書かれているのかを限界まで言葉にしていきます。

ある大学生は、一つの作品にしっかり向き合うことが大事だと言います。展示会をさらっと見る時にも、特に興味ある作品を5分や10分でも見てみると、面白いことがわかるとのことなので、ぜひ皆さんも美術館に行った際には実践してみてくださいね。

この学問を学びたい人へ

美術史学では、さまざまな側面から美術について理解を深めていくことができます。美術館に対してあまり面白い印象を抱かないという人も多いかもしれませんが、それは知らないから面白くないとも言えます。美術史学を学べば学ぶほど、美術館を楽しめるようになるのは、この学問を学ぶ魅力だと言えるでしょう。

もともと美術館が好きな人は、美術館好きの仲間と出会うことができ、感想を伝え合いながら作品への理解を深めたり、美術展に行くついでに旅行をしたりと、刺激的な学生生活を送ることができるはずです。

心理学

ブラックボックス「心」を論理的に読み解く

文学部では、文学作品などの人間が生み出したものだけでなく、人間そのものを研究する分野もあります。それが心理学です。

心理学というと「人の心を読む」というイメージを持たれがちですが、実際は「人の心を論理的に予測する」という研究がされています。心理学を学ぶ大学生は、「2本の線のうち、どちらが長く見えるか」というような錯視の実験や、目の高さによる顔の印象の受け方など、幅広いテーマで心理学実験を経験することとなります。今回は、心理学を学ぶ大学生が実際にどのような実験を行い、どのようなことを考えているのかを案内していきます。

どんな分野？

心理学というと、心理テストや恋愛心理学といったものを思い浮かべる人も多いでしょう。しかし、実は大学で学ぶ心理学は全くの別物です。そもそも心理学とは、人の心理現象を実験によって読み解いていく学問分野です。では心理現象とは何かというと、人間が外の世界と関わることで起こる変化のことを指します。ものを見て認識するとか、音を聞いて覚えるとか、ある出来事に対して感情が動かされたりとか、こういったもの全てが心理現象です。この現象がどのように起きているのかを、実験をしながら明らかにしていくのです。

ここで注意したいのが、心理学は個人を特定の人物として扱わないということです。皆さんが今までに経験した心理テストを思い浮かべてみてください。「AからDの選択肢のうち、Cを選んだあなたは犬系男子！」というような心理テストはよくありますよね。いわゆる心理テストは、特定の個人がどんな人なのかを明らかにすることが目的ですが、他方で学問としての心理学では、一人の人間を、一般的な人間がどんな動きをするのかを解き明かしていくためのサンプルとして捉えます。

とはいえ、同じ人間でも個人差がありますよね。その個人差はどのように埋めればいいのでしょうか。

仮に人間の反応速度を知りたいと思ったとしましょう。反応速度自体は、ディスプレイに図形を表示してどちらに傾いているのかをキーボードで入力してもらうことで計測できます。しかし、反応速度は人それぞれ異なりますし、たまたまぼーっとしている時だったら実際の反応速度と誤差ができてしまいます。一回だけのデータでは誤差がある可能性が高いということですね。なので心理学の実験では、図形を見てキーボードで入力するというような実験を1人につき100回、それを30人くらいにやってもらうことでたくさんのデータを集め、統計の知識を用いてデータを分析し、多くの人に当てはまる傾向を摑んでいきます。

どんな授業や研究をしている？

ここまでの説明を読んで「心理学ってすぐに役に立つような学問だと思っていたけど、全然そんなことない！」と思った方も多いかもしれません。しかし、実は心理学の実験も密かに私たちの生活を支えていたりするのです。

その一つに人間の注意に関する実験があります。下の図のように、まずはディスプレイに二つの□を表示します。そのすぐ後に、どちらかの□の中に○を表示して、表示された方をキーボードで入力するという実験です。この時、○が表示される直前に、○が表示される方の□の枠線を少しの間だけ太くしてから○を表示すると、どのようなことが起こると思いますか？

実験の結果では、□の枠線を太くしてから○を表示した方が、□の枠線を太くしないで○を表示した場合に比べて、反応の速度が速かったと言います。つまりは、□の枠線を太くしたことで、人間の注意力がアップしたということですね。

これがどんなことに使われているかというと、横断歩道を渡る時に応用されたりします。人間はどんなところに注意を向けているのか、どれくらいの時間注意を向けることができ

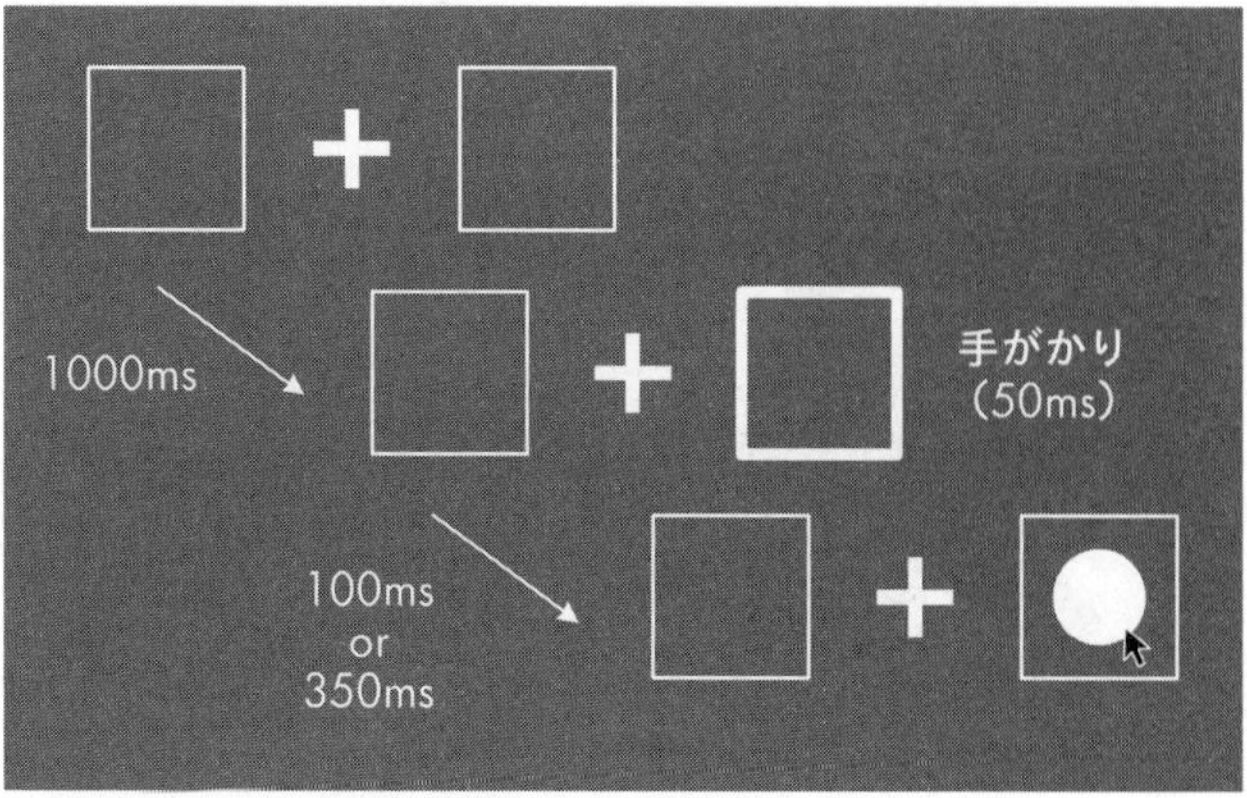

図　ディスプレイに□と○を表示する実験

るのかを踏まえて、安全に渡ることができる横断歩道が設計されているのです。

他にも、共感覚に関する実験も私たちの役に立つかもしれないと言われています。共感覚とは、文字や音に色がついて見えたりするようなことを言います。人口の1%くらいは、共感覚を持つ人が存在していると言われていますが、どのようなメカニズムで起こる現象なのかはまだ解明されていません。

ここで浮かぶ疑問が、一般に「共感覚者」と呼ばれる人でなくても実は共感覚があるのではないかという問いです。下の図を見てみてください。この二つの図形に、「ブーバ」「キキ」という名前をつけるとしたら、それぞれどちらに名前をつけますか?

これはブーバキキ効果と呼ばれるもので、心理学では有名な実験です。結果は、多くの人が左のトゲトゲした方に「キキ」、右の丸みを帯びた方に「ブーバ」と名付けたそうです。

図形からは文字の情報を得ることはできないのに、多くの人が

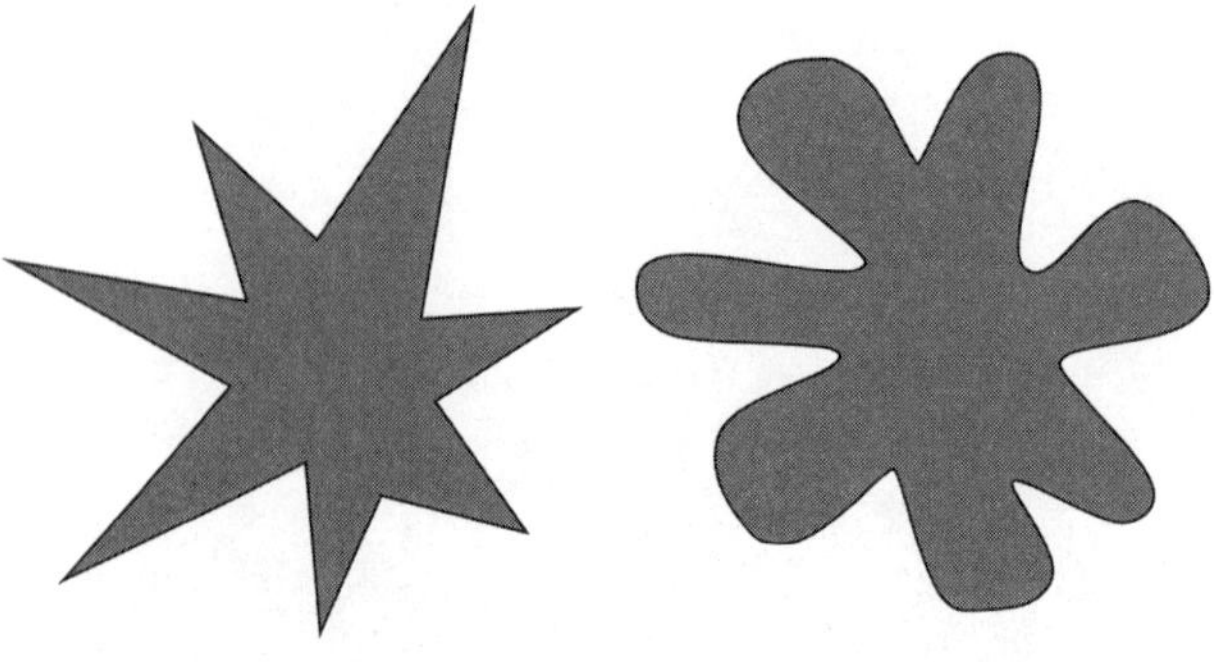

図　ブーバとキキ（Wikipedia より）

このように名付けたのは、共感覚に似たメカニズムが働いたからなのではないかと考えられます。

以上のことから、現在では、共感覚者ではない人たちに対して、表示された文字に色を当てはめる実験が行われたりしています。このような実験を通して共感覚に関するメカニズムが解明されていけば、人間がどのように情報を処理しているのかがより詳しくわかるようになります。それは暗記のしやすい勉強方法の発案につながるかもしれないし、共感覚を持たない人の共感覚獲得につながるかもしれません。心理学は人間の中で起きていることを扱うわけですから、研究成果が思わぬところで私たちの生活の役に立つことになるかもしれないのです。

大学生が学んでいること

心理学では有名な心理学実験が多く存在します。心理学を学ぶ大学生は、それらの実験について学びながら、実際に自分でも実験を行っていきます。ここからは、大学生が行うことの多い代表的な実験を取り上げます。

それは「記憶のマジカルナンバー7±2」という実験です。なんとも可愛らしい名前ですね。人間の記憶には、短い時間だけ情報を覚えておく「短期記憶」と、長期間にわたって情報を蓄えることができる「長期記憶」の二つの機能が存在します。レジの会計を見てお金を出す時には、短期記憶で値段を覚えているということになります。あるいは、学校で習った「織田信長」という名前を何回も繰り返して覚えることができたら、それは長期記憶になります。そんな短期記憶と長期記憶ですが、それぞれ容量も性質も全く異なります。今回の「記憶のマジカルナンバー7±2」は、短期記憶に関する性質を解明するための実験です。

実験内容はとてもシンプルで、決まった桁数の数をランダムに見せて、何桁まで正しく覚えていられるかというものです。これを多くの人で実験したところ、ほとんどの場合で5~9桁になるという結果が得られたのです。それがわかって何になるんだろうと思った人もいるかもしれませんが、実はこれ、私たちの生活の至るところに応用されているんです。

ネット検索をした時、検索窓のすぐ下に「全て」「画像」「動画」というようなカテゴリが表示されますよね。表示されるカテゴリの数は9を超えることはなく、それよりも多くのカテゴリが存在する場合は、「もっと見る」というカテゴリの中に収納されるという仕組みになっています。もし10以上のカテゴリが表示されると、10個目を見る頃には最初の方のカテゴリを忘れてしまいますし、感覚的にも少し使いにくい印象を受けると思います。他にもいろんなホームページで表示される見出しの数、7±2に収まっていることが多いのです。

ある大学生は、この実験を少し応用して、数字の提示の仕方によって覚えられる数が変わるのではないか、という仮説を立てて実験をしたそうです。提示の仕方には、ディスプレイで表示する場合、紙で見せる場合などがありますね。このようにして、有名な実験をただなぞるだけではなく、少し応用して実験を行うこともよくあります。

この学問を学びたい人へ

「自分のことは自分が一番知っている」とはよく言われることですが、実際私たちは、自分たちのことがあまりよくわかっていないのかもしれません。例えば、目の前にあるりんごを見たときに、その赤くて丸い物体が「りんご」だと分かるまでの間に、自分の中でどんなことが起きているのか、理解しようとしても難しいですよね。心理学の醍醐味は、人間に起こる心理現象のメカニズムを解明することができる、つまりは自分に一番身近な自分のことを学べることだと言えるでしょう。

哲学

哲学を辿ればタイムトラベルができる⁉

文学部の「文」という言葉には、言葉や文章といった意味合いが込められています。言葉や文章というと、小説や詩といった文芸作品を思い浮かべる人も多いでしょう。しかし、文学部ではそれだけでなく、哲学や思想なども扱います。

自分が認識する世界を正確に言葉で記述しようとするのが哲学です。このことから、過去の哲学者たちが残した言葉は、彼らが生きた時代を彼ら目線で見ることができる、いわばタイムトラベルのツールだということもできます。過去を生きた彼らの目線から得られる物語に魅了された大学生が、哲学を学ぶ魅力をお伝えしていきます。

どんな分野？

突然ですが、「テセウスの船」という言葉をご存じでしょうか？

これはある哲学者が行った「思考実験」、つまりは頭の中だけで想像し、考える実験です。内容は以下のようなものです。

テセウスという王様が古い木材の船を所有している。その古い部品を一つずつ新しいものに変えていって、全ての部品が新しくなった時、その船は以前の船と同じものと言えるのか。もし言えないのであれば、どの段階から同じものと言えないのか。はたまた、置き換えた古い部品を集めて、もう一度船を作った場合、どちらがテセウスの船と言えるのか。

「同じものってどういうこと？」という問題を考えたのがこの思考実験です。哲学の分野では、こんなふうに、「〇〇ってどういうこと？」「〇〇はどうして？」という問いがテーマになります。〇〇に何を入れるかは、哲学をする人の自由。自分が知りたいこと、気になることを当てはめて、その答えを突き詰めて考えていきます。

哲学を学ぶ大学生はまず最初に、大きく分けて三つの哲学の基礎を学んでいきます。

一つ目は、哲学における代表的なテーマを学ぶことです。いきなり「この問いを考えよう！」と思っても、何から考えていいのかわかりませんよね。ですから代表的なテーマに触れながら、問いを考える「術」を獲得していきます。

テーマはさまざまですが、「経験」の話が扱われることが多いです。皆さんの目の前にりんごがあるとしましょう。「これはりんごだ！」という経験ができるまでには、どのようなことが起こっていると考えられますか？　まず、目で見ると赤くて、丸くて、ヘタがついているという視覚情報が得られますね。近づいてみたら甘い香りがして、嗅覚情報も得られます。あるいは、食べることで味覚情報も得られます。こんなふうに、りんごに対していろいろな知覚を一緒に働かせることで初めて、「これはりんごだ！」という経験を得ることになります。この思考の流れから、経験とはいろんな知覚を一緒に働かせることで起こるものだ、という一つの結論が得られました。こんなふうに、考える術を得るのが一つ目の勉強内容です。

二つ目は哲学史です。代表的な哲学者としてソクラテスやプラトン、アリストテレスという名前を聞いた事がある人も多いかもしれません。各時代にどんな哲学者がいて、どんなことを考え、その考えが後世にどのように影響していったのかを学んでいきます。

三つ目は、文章の解釈の練習です。哲学を学ぶ大学生は、過去の哲学者が残してきた文章を読んで、理解することから自分の研究を始めていきます。何をするにもまずは、執筆者が意図したことを正しく理解するのが重要になってくるのです。国語の授業で「この一文はどういうことか？」という問題がよく出されます。その問題に完璧に解答するのは難しいですよね。それと同じように、難しい哲学のテーマについて、しかもドイツ語やギリシャ語などで書かれた文章を正しく理解することはとても大変です。だからこそ、その練習を最初に積んでいくのですね。

どんな授業や研究をしている？

哲学の基礎を学んだ上で、どのように研究していくのかは、大学やその人それぞれで異なってきます。過去の哲学者について考える人もいれば、自分で設定したテーマについて考える人もいるわけです。今回はその中でも、「一人の哲学者に着目して、あるテーマについて考えていく」という方法をクローズアップします。

もしあなたがある哲学者に興味を持ったとします。このとき一番最初にしなければならないのが、その人が思想的に影響を受けた人を遡って調べるという作業です。ある一人の哲学者について調べていき、その人が少し前の時代に生きていた別の哲学者から大きな影響を受けていることがわかったとしましょう。調べたい哲学者の考え方の根底には、前の時代の哲学者の考え方が隠れているとわかったわけですね。だとしたら、前の時代の哲学者の考え方を理解しなければ、調べたい人の考え方を真に理解することはできないはずです。だからこそ、その人の思想の源流を辿る作業をしなければならないのです。

大学院に進む前の学部生のうちは、思想の源流を辿っていくうちに、カントやデカルト、ハイデガーというような、哲学史に大きな影響を与えたと言われている哲学者に行き着くことが多いです。

研究対象とする哲学者が見つかったら、その哲学者が残した文献の原文を読んでいきます。ドイツ語で書いてあるのであれば、ドイツ語のままで読むということですね。とは言え原文をそのまま読んで理解するのはかなり難しいので、解説書などを参照しながら理解を進めていきます。

対象とした文献を、その哲学者が意図した通りに理解することができたらゴールです。何度も言うようですが、哲学では文章を正しく解釈することが求められます。それだけ厳密に解釈するからこそ、過去の哲学者が見ていた世界を垣間見ることができるし、彼らの思考の世界にタイムトラベルすることができるのです。

卒業論文などでは、ここからその文献の中で解釈が分かれている箇所について、どの解釈がより良いのか、もしくは新しい解釈があるのではないかというようなことを考えていきます。

大学生が学んでいること

大学生Hさんは、この手法でドイツの哲学者であるハイデガーに着目しました。Hさんはもともと、「人が生きるとはどういうことか?」「人が死ぬとはどういうことか?」に興味があったそうです。皆さんは、「死ぬこと=怖いこと」というイメージはありませんか? 例えば、車が行き交う道路に飛び出していく時には足がすくんでしまうと思います。これは、死を本能的に怖いと思っているからこその反応でしょう。それでは、どうして死ぬのは怖いのでしょうか。即死であれば痛みを感じることもないですし、死んでしまった後は親しい人が悲しむ姿を知ることもできません。「死ぬこと＝怖いこと」が成り立つ理由について考えたいと思ったことが、Hさんが哲学を始めたきっかけでした。

このテーマを考えたいと思ったときにHさんが思い浮かべたのは、「ホロコースト」でした。ホロコーストとは、第二次世界大戦中にドイツのナチス政権下で起きたユダヤ人大量虐殺のことです。ナチス政権が犯したこの行為がどれだけ悪いことだったのか、それを批判的に研究していたのが、ハンナ・アーレントという女性のユダヤ人哲学者でした。Hさんは、アーレントについて調べていくうちに、彼女がある哲学者に影響を受けていたと知りました。それが、哲学史に大きな影響を与えたと言われるハイデガーです。こうした経緯から、Hさんはハイデガーの研究を進めていくそうです。

この学問を学びたい人へ

普段生きているだけでは考えないようなテーマも含め、気になることをとことん考える。それが哲学です。問いを考えた結果ではなくて、その過程を大事にしたい、その過程が楽しいという人にはおすすめの学問です。

歴史学

戦争が経済発展につながる。なら平和な江戸が経済発展したのはどうして？

文学部では、詩や小説だけではなく、歴史についても学ぶことができます。歴史学は、すでにわかっていることが本当なのかを考え、過去の出来事の新しい解釈を調べていく学問です。それを調べる武器となるのが、昔の資料や文献です。これらを丁寧に読み解いて、根拠を一つずつ見つけながら歴史の謎を紐解いていきます。

そして歴史学は、他の学問と掛け合わせて研究を進めることで、それまでになかった新しい事実を探し出すこともできます。今回は、経済学と掛け合わせて、江戸時代の経済発展の理由を探る大学生の研究をご覧ください。

どんな分野？

歴史学ではさまざまな資料や文献を読み解くことで、過去にあった出来事や文化、その当時の様子を研究していきます。

歴史というと、中学校や高校などでも習う科目名で、馴染みがある人も多いでしょう。しかし、大学で学ぶ歴史学は、中学校や高校で習うものとは一味違います。

高校までの歴史は、すでにわかっていることを学ぶものです。例えば、1185年に鎌倉幕府が成立したということを、「いい箱作ろう鎌倉幕府」という言葉と一緒に覚えたと思います。

一方で、大学での歴史学は、現在わかったとされていることが本当なのかについて、昔の文献などを読みながら考え直していきます。先ほど例に出した「いい箱作ろう鎌倉幕府」という語呂合わせは、一昔前までは「いい国（1192年）作ろう鎌倉幕府」として教えられていました。しかし、歴史学者の間で「源頼朝が征夷大将軍となった1192年ではなく、それよりも前の時点ですでに『鎌倉幕府』が『成立した』と言えるのではないか」という研究が進んだことで、かつての認識は改められることになります。そして現在では、頼朝が守護・地頭の任命権を獲得した1185年の時点で成立したと言っていいと考えられるようになり、「いい箱作ろう鎌倉幕府」になったのです。

高校では日本史、世界史をそれぞれ違う科目として学ぶように、大学でも地域ごとに分かれて歴史研究を進める場合が多いです。日本列島のことを研究する日本史学、アジアのことを研究する東洋史学、ヨーロッパのことを研究する西洋史学というように分かれます。

どんな授業や研究をしている?

歴史学では、すでにわかっていることが本当なのかを考え直していくという話をしました。授業ではその基礎を養うために、たくさんの文献を読んで新しい解釈がないかを調べていくことが多いです。

皆さんは大化の改新という出来事を習ったと思います。これは、645年に中臣鎌足と中大兄皇子が中心となって始めた政治改革でした。昔はこの大化の改新がクーデター、つまり非合法的に武力を使って政権の奪取を狙ったものだと教えられていました。しかし、さまざまな文献を参照する中で、そうとも言い切れなくなってきました。その結果、現在では単に政治改革だと教えられているのです。このように文献を読みながら、新しい解釈を探していきます。

歴史学では、何を調べるにしても、根拠となる文献を示さなければなりません。文献一つ一つを丁寧に調べて根拠を探していく作業は大変ですが、それにより歴史の謎が紐解かれていくことはとても面白いことだとも言えます。

この作業をしていく上で気をつけなければならないことが一つあります。それが、常識のフィルターにとらわれないことです。

一つ考えてみましょう。現在の日本の人口は2021年で約1億2557万人です。一方で、江戸時代はどうでしょうか？　江戸時代の日本全体の人口は約3000万人だったと言われています。現在と比べると、約3分の1の人口しかいなかったことになりますね。そうすると、私たちが当たり前だと思っていることも、当時の人にとっては当たり前でないこともたくさんあるはずです。

かつて江戸の人口は約100万人で、日本全国の約30分の1が江戸に住んでいました。それに対して、現在の東京の人口は約1400万人で、日本全国の約10分の1が東京に住んでいることになります。ここから、昔と今では都と地方のパワーバランスが異なり、当時各地域に存在していた藩が強い力を持っていたことが推測できます。つまり、当時の江戸と土佐藩の関係性は、現在の東京都と高知県の関係性とは違ったものだと言えるのです。

このように、昔と現在とでは前提となっている部分が異なります。現在の社会を見る目で過去を捉えようとすると、どうしても「これはこうだろう」というフィルターがかかってしまい、正確に捉えることができません。歴史学では常識のフィルターを外して考えていかなければならないのです。

大学生が学んでいること

歴史学では新しい解釈を調べることに加えて、他の学問と結びつけて新しい事実を考える研究もされています。

一例として医学と結びつけて「戦国時代の医療技術はどれくらい発達していたのか」を考えたり、経済と結びつけて「ローマは経済的にどれくらい発展していたのか」を考えたりする研究があります。

他にも、江戸の地形を調べたり、どこに何があるのかを調べたりする中で、江戸の街全体が一体どういうことに適していたのかを考えることもできます。これは、地理的な条件に注目してさまざまなことを分析する地政学の分野と結びつけた研究といえます。このように、他の学問と結びつけて新しい研究につなげていく試みがなされています。

ある大学生Iさんは、歴史学と経済学を結びつけて江戸の経済について考えたいそうです。江戸時代には、平和が300年も維持され、豊かな生活の土壌が築かれました。そうなったのは、経済が発展したからだと考えられています。

ここで、経済がどんな時に発展するのかを考えてみましょう。過去を振り返ってみると、実は戦争が起きた時である場合が多いです。それは、戦争によって武器などの需要が高まったり、戦争に勝利して国全体の高揚感が高まったりするのが主な要因です。

それでは、戦争のない平和な時代が長く続く中で、江戸が経済発展を遂げることができたのはどうしてなのでしょうか？

その要因の一つに、「株仲間」という組織が挙げられます。簡単にいえば「同業者で協力しあって、安定的に商売ができるようにしよう！」という組織のことです。Iさんは、この株仲間が江戸の経済発展にどのような影響を及ぼしていたのかについて考えていきたいそうです。

この学問を学びたい人へ

歴史学は、文献の一つ一つを根拠にしながら、歴史を紐解いていく学問でした。必ず根拠が求められるところが大変だからこそ、新しいことがわかった時の感動はひとしおです。

また、過去を知る中で当時の人たちの気分になることができます。江戸時代には毎朝商人が家まで食べ物を販売しに来ていたそうですが、これは現在の私たちにとってのフードデリバリーサービスのようなものだったのでしょう。当時の人の感覚を知り、当時に生まれていたらどうなるのかを考える、それが楽しめる人にはおすすめの学問です。

社会学

二次元キャラクターの推し活は見返りを求めているのか？

人はプレゼントをするときに必ず見返りを求めていると言われています。一方で、二次元キャラクターに貢ぐ、いわゆるオタクの推し活は、キャラクターが実際に存在していないのですから、見返りを求められる状況ではありません。それでは、オタクは推し活に何を求めているのでしょうか？　自身もオタクである大学生がさまざまなオタクの言葉を分析、考察した研究内容から、社会学とは何かを考えていきましょう。

どんな分野？

皆さんは社会学と聞いて、どんなことを勉強・研究しているのか想像できますか？ 一言に社会と言っても抽象的過ぎて何をしているのかわからない、そう思いますよね。

社会学を一言でいうと、「社会と個人の関係を探る学問」です。そしてこの関係とは、社会から個人の影響と個人から社会への影響の両方を意味します。

といってもイメージが湧かないと思うので、具体的な研究テーマを見ていきましょう。まずは社会が個人に与える影響について、皆さんは「外国人が、日本人が災害時にもかかわらず物を入手するために整列していることを称賛した」といった話を聞いたことはないでしょうか。でも皆さんからすると、その日本人の行動は当たり前のことだと感じるでしょう。ではなぜその行動が当たり前になっているのでしょうか？ これはおそらく、順番を守るのは大切だという規範意識が私たちに染み付いているからでしょう。このように、社会に存在するルールや規範によって、個人がどういう影響を受け、どういう行動をするのかを考えていきます。

次に、個人が社会に与える影響について考えてみましょう。皆さんは「流行り」という言葉を知っていますか？　流行りの食べ物や流行りのファッションなど、いろいろな所で耳にすると思います。ですが、あるものがなぜ流行っているのかについて考えたことはあるでしょうか？　流行りが生まれる背景には、個人個人のいろいろな考えや行動が隠れています。その考えや行動がどのようなものなのかを考えていくのです。

　このように、社会学は社会にまつわるさまざまなことをテーマとします。よって、社会学にはさまざまな社会学が存在しているのです。

　社会学という言葉の頭になんでもいいので思いつく単語をつけてみてください。その〇〇社会学は、たいていの場合は実際に存在しますし、存在しないとしてもあなたがそれを作って研究することができるのです。

　実際に研究されている社会学で有名なのは、家族と個人の関係を探る「家族社会学」、都市と個人の関係を探る「都市社会学」、文化と個人では「文化社会学」、社会全体を抽象的にとらえたいのであれば「理論社会学」などがあります。

　社会学の代表的な研究手法はいろいろあります。一番代表的なのは、フィールドワーク（実地調査）でしょう。もしあなたが暴走族について研究したいと思ったとします。その時は、実際に自ら暴走族に加入して、メンバーの一員として暴走族の様子を観察したり、話を聞いたりして、研究をしていきます。

とはいっても、大学生のうちから暴走族に加入して研究することはなかなかハードですよね。そこで、インタビューという形で話を聞く研究方法もよく使われています。また、アンケートを取ったり、すでに公開されているデータを使ったりして、統計的に研究を進めていく方法もあります。研究テーマが幅広いからこそ、自分が研究したいテーマに合わせて、一番いいものを選んで研究を進めていくのです。

社会学の代表的な研究としては、自殺に関するものがあります。これは、自殺者が増えている理由や、地方と都市での自殺者数に差がある理由を考えていくものです。この研究が行われるまでは、自殺は個人的な問題として捉えられてきました。「自殺者は悩んでいたから自殺したのだ」の一言で片付けられてしまっていたのです。しかし、そうではなく「社会のこんな部分に影響されたから自殺者が多いのではないか」と社会の問題として自殺を捉え直した点で、先進的な研究と評価されています。

どんな授業や研究をしている？

社会学の手法として、フィールドワークやインタビュー、統計を用いた処理など挙げましたが、それ以外にも、いろいろな人の考えを文章という形で集めるという研究手法もあります。

現代は、インターネット上でさまざまな人の意見を閲覧することができるようになりました。皆さんになじみのあるものではツイッターなどでしょうか。ツイッターではいろいろな人のいろいろな考えがツイートされているので、一人一人にインタビューをするよりも手っ取り早く、色々な人の考えを集めることができ、「〇〇が社会にどのように受け入れられているのか」「〇〇についてどういうイメージを持たれているのか」といった特定のワードを取り上げた問いを分析するにはもってこいのツールだと言えます。

この手法では、手作業で該当するコメントを集めたり、特定のワードと一緒に投稿されているものを集約してくれるプログラムを組んだりして調査を進めていきます。今回は「格差」というワードに注目してみましょう。実際に「格差」が話題になって、国会やインターネット上などで論争が頻繁に交わされた時期がありました。ここである大学生は、国会とインターネットとでは、同じ「格差」でも、関心の集まる部分が違うのではないかという疑問を持ちました。そこで「どのように格差が話題になったのか？」「格差がどのようなものとして扱われているか？」という点で、国会の議事録とツイッターの投稿を比較分析しながら調査したそうです。

大学生が学んでいること

皆さんは、プレゼントをしたりされたりしたことはありますか？　多くの人はＹＥＳと答えると思います。そのプレゼントについて論じているのが「贈与論」という理論です。贈与論では、見返りを求めないプレゼントは存在しないとされています。実際、これまでにプレゼントをした時のことを思い返すと、どこかで見返りを求めていた部分があるのではないでしょうか？

ここで、アニメなどのキャラクターに対する推し活動についても考えてみましょう。推し活動とは、自分が好きなキャラクターに対してグッズを買って応援したり、誕生日を祝ったりというような活動を指します。キャラクターは実際には存在していないので、推し活動をしたとしても当然見返りはもらえません。なのに、どうしてキャラクターに貢ぐ、お金を払うという考えが生まれるのでしょうか。

この疑問を解決すべく、自身もオタクである一人の大学生が研究を始めました。

この研究では、まず贈与論の研究書を、自分のオタクとしての体験を踏まえて考えながら読み、理解するところから始まります。次に、オタクが書いた本やエッセイ、ブログなどから他のオタクたちの考えを知ります。そして、推しに貢ぐことに関する共通する考えを抽出し、贈与論と照らし合わせながら考えていくのです。

まず、贈与論で扱われていることのうち、推し活動と似通っているものに「神に贈与する」という行動があります。この贈与形式は実際にプレゼントをしている対象は神父や教会ですが、見返りを神からもらっているとされています。

そして推し活動ですが、確かに神もキャラクターも実在しないという点では共通しています。他方で、神への信仰では神からの見返りを

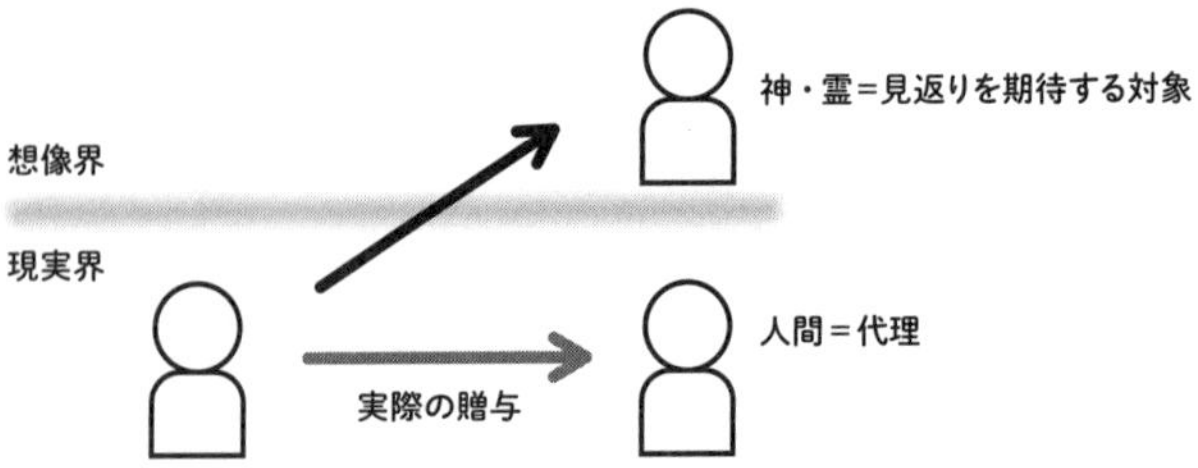

図　神に贈与する

期待していますが、推し活動では好きなキャラクターからの見返りを求めているわけではないとわかりました。というのも、オタクはキャラクターの作品の製作元に見返りを求めているのです。つまりオタクたちは、キャラクターは製作元が動かしているのは理解しているのです。

では、なぜ「公式（製作元）に貢いだ」と言わず、「推し（好きなキャラクター）に貢いだ」というのでしょうか？　この研究をした大学生は、言い方を変えることで虚構の存在であるキャラクターの実在感を増し、自分のキャラクターへの愛情を実在するものとさせているのではないかと考察しました。

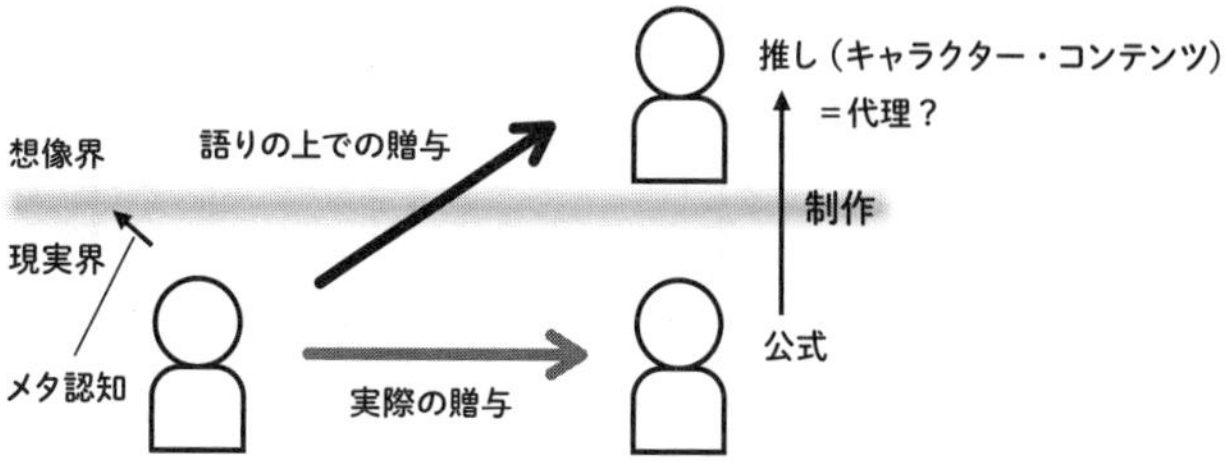

図　推し活

この学問を学びたい人へ

社会学では、自分の経験や、その中で理解したいと思ったものなど、さまざまなことを研究のテーマにすることができます。漫画が好きな人は漫画の研究ができますし、地方格差に苦しめられた経験があるのであればその研究をすることもできます。逆に、自分が経験してこなかったことを題材にすれば、本来自分には理解できない人たちのことを理解できるようにもなります。自分の中に何か一つでも疑問がある人は社会学を研究してみてはいかがでしょうか。

第6章

医学部

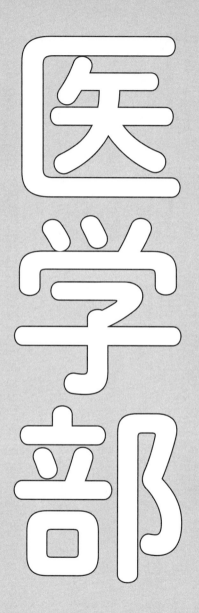

医学部は、病気を予防して健康を維持することや、病気の治療を通して健康を取り戻すことなど、命を守る方法について学ぶ学部です。

医学部と聞くと、六年間大学に通う必要があると思っている人も多いと思いますが、実は六年制と四年制の学科がそれぞれ存在しています。

六年制の場合は、「医学科」という名前がついていることが多いです。皆さんが医学部と聞いてイメージするのは、この医学科の場合であることが多いと思います。というのも、医学科では医師免許取得が最終的な目的となります。つまり、医師になるための学科だということですね。六年間のカリキュラムでは、学校での座学だけでなく、実際の医療現場である病院での実習を通して、医学に関する体系的な知識を身に付けていきます。その集大成として、六年生の時に医師国家試験を受験し、合格して初めて卒業後に医師を名乗ることができるのです。

一方で四年制の場合は、看護学や健康科学などを学ぶことが多いです。例えば看護学を学ぶ看護学科では、四年生の時の看護師国家試験に合格して看護師免許を取得することが最終的な目的です。医師ではなく看護師になりたい人は、医学科ではなく看護科を選ぶ必要があるということですね。他にも、健康科学や保健学を学ぶ学科では、健康の維持、増進を目的としてさまざまな研究が行われています。扱われるテーマは、医学や看護学に密接に関わるものも多いと言えます。

この章では、基礎医学、臨床医学、健康科学という三つのトピックを紹介していきます！

基礎医学

異常を知るにはまず正常から。私たちを支える医学の「基礎」

どんな分野？

皆さんは、「医学」や「医師」と聞いてどんなことを思い浮かべますか？　医療ドラマで活躍する天才外科医や、普段からお世話になるかかりつけ医さんのことを思い浮かべる人も多いかもしれません。これらは、医師の「現場」における病気の治療と結びついたイメージですよね。もちろん医学部では、こうした病気の治し方についても学びます。しかし医学部では、私たちが普段イメージする「臨床」に関する話に加えて、もっと基礎的なことについても学んでいるのです。それが、基礎医学と呼ばれるものです。

基礎医学とは、病気とその治療に関する臨床医学を学ぶための基礎となる学問です。たとえば解剖《かいぼう》学という授業では、筋肉や臓器などの位置や形、血管や神経の通り方など、健康な体の構造について学びます。他にも、体の筋肉や臓器などの組織を薄く切って、プレパラートで観察する組織学や、脳や筋肉の働きについて学ぶ生理学、糖や脂質の代謝など、体の中でどういう化学反応が起きているかについて学ぶ生化学などがあります。糖の代謝については、高校生物ですでに少し学んだ人もいるかも知れませんね。

このように、医学部で勉強するのは、何も病気とその治し方についてだけではありません。そもそも病気とは、正常な体に起こった異常のことを指します。つまり、病気について把握し治療するためには、その前提として正常な体の仕組みや働きについて知っておく必要があるのです。

どんな授業や研究をしている？

そんな基礎医学の一環として学ぶなかで、特徴的なことの一つがご献体《けんたい》の解剖です。解剖学実習とも呼ばれるこの実習は、亡くなった方のご遺体を実際に解剖することを通して、人体の構造を理解するのが目的です。

　解剖は手順が決まっており、どこを切るとどういう神経が出てくるか、内臓はどういうふうに切ったら構造を見やすくできるかなどを確認していきます。解剖学実習で人体の構造を理解しておくことで、実際に外科手術等で解剖する際に、各組織を正確に把握しながら手術を進められるようになるのです。これを正確に理解できていないと、せっかく異常なものを取り除くための手術だったはずが、誤って神経や血管を不用意に切ってしまい、健康・正常に動作していた部分まで傷つけてしまうことになりかねません。こうしたミスが許されないからこそ、学生のうちに座学と実習を通じて知識を蓄えておくわけですね。

　また、解剖を通して身につけた知識は、いわゆる手術以外の場面でも役立ちます。たとえばＭＲＩ（Magnetic Resonance Imaging、磁気共鳴画像）を撮影しても、体の構造や、それぞれの器官がどこにあるかを理解していないと、画像を正確に読み取ることは難しいのです。解剖学の座学や実習を通して人体の構造を立体的に理解していれば、ＭＲＩで断面図を見たときに、その画像に何が写っているのか、どこかに異常があるかなどを把握できるようになります。

　他にも、すりむいたときなどに傷が治るメカニズムについて学習したりもします。傷が治るまでには、出血が止まって血液が固まり、傷口の細菌などが除去され、やがて傷口が塞《ふさ》がれるという順序をたどります。このとき、傷口が塞がれるまでには、白血球などのさまざまな細胞が傷口に集まっています。これらの細胞が活発に動くためには、湿潤《しつじゅん》な環境が必要です。そこで近年では、乾燥させてかさぶたを作るよりも、傷口にうまく蓋《ふた》をして保湿する湿潤療法が良いとされています。ここで、傷が治ること自体は異常が正常に戻ることですが、白血球などにはどんな種類のものがあるか、それぞれどんな働きをするかは、正常な体に関して扱う基礎医学の中で学ぶことになります。

大学生が学んでいること

基礎医学は、何も「医師見習い」の医学部生がはじめに勉強するだけのものではありません。健康な体の働きや、より健康に過ごすための方法については、さまざまな研究が行われています。

意外なことに、医学部で行われる基礎医学の研究は、病院で患者さんに向かって何かをするのではありません。研究室でマウスやフィッシュなどの動物を相手にする「ウェット」

な研究と、コンピューターでアンケート調査などのデータを扱う「ドライ」な研究に分かれます。

ウェットな研究は生物を相手にするので、対象とする生物を完全にはコントロールできないため、望み通りの行動をしてもらうまでには時間がかかります。よって、短期間のうちにたくさんの論文を書くのは難しいようです。

一方ドライな研究は、生物の動きなどに左右されず、データを扱いさえすればすむため、比較的短いスパンで研究を進めて論文を書き上げることが可能です。ただし、データを分析するためにはプログラミングなどの知識が必要となります。医学部でプログラミングの知識が必要なことがあるとは、意外に感じる人も多いのではないでしょうか。

ここからの具体例は、ある大学生が実際に関心を持っている研究です。ドライな研究の一つに、全世界に向けて公開されているデータベースを活用した研究があります。皆さんも、「生活習慣が○○な人は○○という病気にかかりやすい！」というような研究結果を見たことはありませんか？　まさにあれも、ドライな基礎医学の研究結果である場合があります。

具体的には、NHANES（National Health and Nutrition Examination Survey）という調査

を使った研究があります。これは、アメリカの成人と子供の健康と栄養状態に関する調査で、この調査結果が匿名化された状態でデータベースとして公開されています。これを使って、例えばある時点で運動不足だった人が将来どうなるか、というようなことを統計的に調べて、習慣とその後の健康状態との間の因果関係を立証しようとする研究などができたりするそうです。医学部と言っても、病気の人を治すだけでなく、健康な体について知り、さらには将来の健康のために何をすればいいか考えることもあるわけですね。

この学問を学びたい人へ

医学部では健康な人体の仕組みについても学ぶことがわかっていただけたでしょうか。しかし当然、医学部の中心は「医療」です。筋肉をより一層発達・増強させるにはどうすればいいか、どんな食事によってどんな栄養をとればいいか、というような話題は専門から少し外れることになります。医学部生、ひいては医師は、人体のプロというよりも、病院におけるリーダーとして医療を司る人といえるでしょう。

文字通りの医師以外にも研究者などの道が開かれていますから、必ずしも医師に関心がなくても、予防医学を含めた医療に少しでも興味のある人には医学部がおすすめです。

臨床医学

病院実習で医師の「たまご」になる

どんな分野?

医学部で学ぶことについて、普通の人がイメージするのはやはり「病気の治し方」でしょう。まさにそれについて学ぶのが「臨床医学」です。病気などになっていない正常な体の働きについては基礎医学という学問で扱いますが、臨床医学では病気とその治し方について扱います。いわば、基礎医学で文字通り基礎を身につけた上で、その応用として臨床医学を学ぶイメージです。

病気とは、大まかに言えば正常な体に生じた異常のことです。医師は、患者がこの異常を訴えてきたときに、それをどうやったら見つけられるのか（診断）、どうやって治すのか（治療）についてそれぞれ知っておく必要があります。当然ながら、診断や治療といっても多種多様な方法があるため、どういう検査手法が存在するのか、診断結果に応じてどういう治療をしていくかを学んでいるのです。

どんな授業や研究をしている？

病気について、またその治し方について学ぶのが臨床医学だとお伝えしました。この病気の学び方は、実は大学によってもさまざまです。

東京大学では、基本的には内科と外科に分けて学ぶことになります。手術が必要な外科と、それ以外の内科というのが大まかな区分です。外科ならどういう手術をするか、手術をしたあとに患者がどういう経過をたどるかなどについて学んでいくことになります。

一方、臓器ごとに学んでいく大学も多いとされています。内科と外科という分け方ではなく、胃という一つの臓器に関して、内科と外科両方のアプローチを合わせて学んだりするのです。内科と外科に分ける考え方のほうが伝統的で、臓器ごとに見ていくのは比較的新しい医学教育のあり方だともいわれています。

そして、医学部を語る上で欠かせないのが病院実習です。基礎医学と臨床医学を学んだ医学部生は、四年生になると、病院実習に行けるかどうかを試す大きなテストを受けることになります。それが、CBT（Computer-Based Testing）とOSCE（Objective Structured Clinical Examination）です。CBTは医学に関する知識を問う試験です。一方OSCEは医療面接や身体診察、手技など、実習のための臨床能力を確かめる実技試験です。これらのテストに合格すると、スチューデント・ドクター（Student Doctor）として病院実習への参加が認められます。

病院実習は、病院にある科をローテーションする形で進みます。一口に内科と言っても呼吸器内科、神経内科、腎臓内科……などとさまざまで、これを一つの科あたり1～2週間のペースでどんどん回っていくのです。

そんな病院実習で、実習生はどんなことをしているのでしょうか?

実習の基本は、担当を割り振られた患者さんについて、既存のカルテ（診療記録）の確認や問診を通して患者さんの状態を把握し、わかったことをカルテに書いていくことです。問診では、「以前からこんな症状がありましたが、今は体調いかがですか」と聞いたり、初めて入院してくる人なら、初診として病気の発症のきっかけや経過、アレルギーなどについて聞いたりすることになります。

ここで重要なのが、「実習生が自分で決定を下すことはない」という点です。担当の先生にテストとして「この患者さんにどんな処置をしたらいいと思う?」と聞かれることはありえますが、一人で判断をすることはないのです。なぜなら、実習生はあくまで「実習生」であり、医師ではないからです。

代わりに実習生は、実際の患者さんとやり取りする中で学んだことをレポートにまとめたり、カンファレンスに参加して発表したりすることになります。カンファレンスとは、医師を含む病院のスタッフたちが、入院患者についての情報共有や問題解決などのために開催する会議のことです。

ここで実習生が主に求められるのは、病気などに関する豊富な知識ではありません。当然ながら、医学的な知識で現役の医師たちにかなうはずがないからです。むしろ、担当した患者さんについての情報を正確に、簡潔に、わかりやすくまとめて発表することが求められています。

また実習生にも、現役の医師たちにも負けないところがあります。それが、患者さん本人についての情報をたくさん持っているということです。病院で指揮を執る医師たちは、必ずしも個別の患者さんと直接触れ合う時間を長くは確保できないことがあります。一方で実習生は患者さんと実際に触れ合い、丁寧に問診をする機会があるため、その人についての情報や、直接会ってみないとわからない様子についてよく知っているのです。

そして、訪問する科によっては、医学的な論文を読むこともあります。病院での実習なのに、論文を読んで勉強するとは少し意外ですよね。実習生は、訪問した科に関連する研究や論文を自分で調べて、要点をスライドやレポートにまとめて提出したり、先生の前で発表したりします。

ここで読むのは、基本的には臨床研究（病院などで行われる研究）に関する論文です。病院は多くの患者さんのデータが集まるので、それを使った研究がなされているわけです。こうした論文を読むことを通じて、いずれ大学病院など研究が盛んな病院に入った際に、研究に携わるための基礎を作っています。これも重要な実習の一環ということですね。

大学生が学んでいること

最後に、医学部のＪさんが実習に参加して印象に残ったことについて紹介します。

Ｊさんは病院実習を通して、病院に対する一般的なイメージと実際の病院で起こっていることとの間には、やはり違う部分も多いと感じたといいます。例えば精神科の閉鎖病棟と言うと、実際に入院していた人の感想なども相まって、一般的にはマイナスなイメージが強いでしょう。しかし、実習生として現場を見たＪさんは、病院は決して患者さんをわざと苦しめようとしているわけではなく、さまざまな事情から病棟の外に出ないように処置をせざるを得ないんだ、と感じたとのことでした。患者さんのご家族が患者さんを受け入れられなかったり、自傷他害（自分で自分を傷つけたり、他人や物を傷つけたりすること）の疑いがあったりする場合には、病院としては、患者を外に出せないと判断せざるを得ません。患者さん本人がいくら出たいと思っていたとしても、仕方なく出せないこともあるんだ、と思うことがあったとのことでした。

また、これに関連して、病院での治療を避けようとする人がいることにも気付いたそうです。

具体例を挙げると、双極性障害（ハイテンションで活動的な躁《そう》状態と、憂うつで無気力なうつ状態を繰り返す病気）の人は、躁状態のときには「病気ではないか、なにか異常があるのではないか」と気付けないことがあります。つまり、周りから見たら何かがおかしくても、本人は大丈夫だと思っているのです。その結果本人は、なぜ自分が治療を受ける必要があるのか、と思ってしまうわけです。

他にも、神経性やせ症（いわゆる拒食症）の人は、自分の身体に対するイメージが普通の人とズレているため、周りから見たら深刻にやせていても、本人としてはそうでもないと思ってしまうことがあります。実際Jさんは、実習中に、比較的深刻なやせ状態の患者さんを複数人見たことがあるそうです。そのような患者さんは、「治療によって太りたくない」という思いを持っていることが多く、体重測定のときにおもりを付けて体重計に乗るなど、なんとかして治療を回避しようとすることもあったそうです。

実際の患者さんの様子を見て学ぶことで、座学で得られる知識に加え、生きた知識や経験を得られるんですね。

この学問を学びたい人へ

今回は病院実習をテーマに、臨床医学、ひいては医学部での学習についてご案内しました。ここまでの内容からわかる通り、医学部で学べることの中心は病気と治療です。

そんな医学部には、医師になりたい人はもちろん、医療と何かを関連させたい人にも向いているでしょう。新薬を作ったり、検査や治療のための医療機器を作ったりするにも医学の知識は必要となります。

ただし、やはり最もおすすめできるのは、病院に来る患者の相手をしたいと思っている人です。広く医療に関心がある人、患者とのやり取りを通じて治療を提供したい人はぜひ医学部で学ぶことを考えてみてください。

健康科学

「三密を避ける」は効果的？　健康情報の裏側に隠された研究者の努力に迫る

新型コロナウイルスの影響で健康や予防に関する情報が溢れかえるようになった今だからこそ、その情報が正しいかどうかを判断する必要があります。例えば、「手洗い、アルコール消毒は感染症予防に効果的である」というのは研究で明らかになっています。このような健康にまつわる情報の裏側には、たくさんの人を対象に臨床試験を行い、正しい手続きを踏んで信頼できるデータを得られるよう努力している人たちが存在しています。彼らが研究しているのは、健康科学という分野。情報が溢れる現代だからこそ、その重要性が高まる健康科学について学ぶことができるのが医学部です。

どんな分野？

医学部と聞くと医師になるために六年間通う場所というイメージがあるかもしれませんが、中にはそうではないコースを用意している医学部もあります。看護学や健康科学がその代表例ということができるでしょう。今回はその中でも、健康科学に触れていきます。

健康科学とは、一言で言ってしまえば健康でいるための方法を科学的に学ぶ学問です。それにつながることはなんでも健康科学のテーマとなるので、より良い栄養摂取を研究する栄養学や、健康を保つための心のケアなどを研究する健康心理学など、その内容は多岐にわたります。

このような幅広いテーマの中でも、私たちの身近なところで役立てられるようになった分野があります。それがヘルスコミュニケーション学というものです。ヘルスコミュニケーション学とは、医療の専門家が国民などに対して医療に関する情報を提供するときに、伝わりやすい、そして納得しやすい伝え方とはどのようなものかについて科学的に学ぶ学問です。

新型コロナウイルスが流行してから、医療の専門家がしきりにメディアに出て、さまざまな情報を発信するようになりましたね。医療の専門家が伝えるのは、専門的な内容です。しかし、正しく伝わるように工夫しないと、医療の専門家でもなんでもない私たちは、情報を誤って理解してしまう可能性があります。そのため医療の専門家はヘルスコミュニケーション学を学ぶことで、正確に伝わり、かつ聞いている側が納得できる伝え方を選ぶ必要があるのです。

どんな授業や研究をしている？

健康科学を支える基礎的な学問に、疫学《えきがく》と生物統計学があります。

疫学は、病気になる要因の一つを突き止め、予防に貢献する学問です。研究例としては、喫煙と肺がんの関係についての研究が代表的です。研究の過程では、喫煙をしている集団と喫煙をしていない集団を十数年にわたって追いかけて、喫煙の有無が肺がんの発症に関係あるのかを調べていきます。このような研究の結果、喫煙は肺がんリスクを高めることが明らかになっています。その知見が、肺がん予防のための禁煙運動を広めていくことにつながるのです。

生物統計学は、医学的なデータを数学的に分析するための方法を学ぶ学問です。先ほどの喫煙と肺がんの関係を例に挙げると、ある一人の喫煙者が肺がんになったという事実だけでは、喫煙が肺がんリスクを高めると言うことはできません。その人が喫煙などに関係なく、たまたま肺がんになっただけの可能性もあるからです。ですから多くの人を調べて、全体的な傾向として喫煙者の方が肺がんになる確率が高いと示さなければなりません。そのための方法が生物統計学なのです。

このような健康科学に関する基礎的な学問を学びながら、健康にまつわるさまざまな研究を進めていくのです。

大学生が学んでいること

先ほど説明した疫学、生物統計学の応用として、実際に臨床試験を行う授業も存在します。今回お伝えするのは、グループで臨床試験に挑んだ大学生Kさんが学んだことです。テーマは、オリゴ糖の摂取とストレス耐性の関係でした。この授業では、その関係を調べるための試験内容を自分たちでゼロから組み立てて考え、さらには自ら被験者となって試験を進めていきます。Kさんのグループでは、被験者を二つのグループに分け、一つのグループはオリゴ糖、もう一つのグループはプラセボを二週間毎日服用するという試験内容を考えました。ちなみにプラセボは偽薬という意味で、なんの効用もない、見た目だけ薬に似せたものです。被験者は、自分が服用しているものが本物のオリゴ糖なのか、偽物なのかは知らされていません。

なぜこのようなことをするのかというと、被験者が「オリゴ糖はストレス耐性を向上させる」と信じている状態でオリゴ糖を服用していると、オリゴ糖の効果に関係なく、その気の持ちようでストレス耐性が上がってしまうことがあるからです。つまり、自分が服用しているものがオリゴ糖なのか、そうではないのかがわからない状態で試験を行った方が、実際にオリゴ糖の効果のある人と、気の持ちようだけが変わっている人を比較して正確な結果を得ることができるのです。

それぞれのグループが二週間服用を続けた後、ストレス耐性が向上しているかどうかを調べていきます。どのように調べるかというと、唾液中に含まれるアミラーゼを利用します。アミラーゼは、お米などの炭水化物を消化するときの酵素ですが、ストレスを感じた時に上昇するということがわかっています。被験者にストレスがかかる行為である暗算などをしてもらって、その後にアミラーゼの量がどれくらい上昇しているかを調べることで、ストレス耐性がどれほどかを確認できるのです。

得られたデータは、信頼できる情報として提示するために、正しい手続きを踏んで分析をしていかなければなりません。その時に生物統計学の知識が役に立つのです。プログラミングなどを使いながら、データの分析を行っていきます。

この学問を学びたい人へ

健康科学では、健康にまつわるさまざまなテーマを科学的に研究しています。なんとなく健康に良さそうだから、というイメージに惑わされず、その効果を検証していくのです。

新型コロナウイルスが流行し始めてから、私たちの周りではさまざまな健康、予防にまつわる情報が溢れかえるようになりました。健康科学を学べば、そのような情報を取捨選択し、正しく見られる目を養うことができるのです。

健康の維持に興味がある人、怪しい情報に惑わされず、健康について理解したい人にはおすすめの学問です。

第7章

薬学部

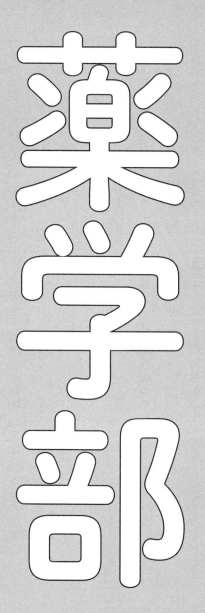

薬学部は、医薬品などの薬品に関することを総合的に学ぶ学部です。

薬学部には、薬剤師国家試験の受験資格が与えられる六年制の薬学科と、与えられない四年制の薬科学科があります。六年制の薬学科は国家試験に向けて、病院での実習や試験対策などがカリキュラムに組み込まれています。一方で、四年制の薬学科ではそのようなカリキュラムがなく、薬学に関する研究に集中して取り組むことができます。そのため、薬学の研究者を志望する学生が多く在籍しており、大学卒業後は大学院に進学して研究を続ける場合が多いです。

薬学部での学びは、大きく分けて基礎薬学と臨床薬学の二つに分けられます。

基礎薬学は、薬を創るための学問です。化学、生物学、物理学などの基礎的な知識を習得した上で、薬の成分やそれがどのように人体に影響を及ぼすのかを学んでいきます。

臨床薬学は、薬を使うための学問です。病院や薬局の薬剤師は、患者の疾患に合わせて薬を調剤してくれますよね。このように、私たちが適切に薬を服用できるようにサポートするための知識を学んでいきます。

この章では、薬物治療学、医療統計学、構造生物学という三つのトピックを紹介していきます！

薬物治療学

許容値を超えると命の危機!? 薬を適切に処方するための方法を考案せよ!

近年、抗がん剤は新薬が多く開発されている薬学界のホットトピックですが、一方で抗がん剤には副作用も存在しています。特に薬の処方量が過剰で薬品の血中濃度が高くなりすぎてしまうと、命に関わる事態になりかねません。そのような過剰投与を防ぐため、薬品の血中濃度を簡単に検査する方法を模索する薬学部の大学生の研究内容を本項では取り上げます。

どんな分野？

薬学部で薬剤師資格を取るためには、六年間の課程を修了しなければなりません。その六年間のうち最初の三年は基本的な知識を習得していき、後半の三年間はその知識をもとにより専門的な研究に携わっていきます。

最初の三年間で学ぶ内容は、高校で勉強する物理や化学の延長線上にあると言っても過言ではありません。理系に進んだ高校生が学ぶ有機化学では、物質の構造について学びますが、この構造をより詳しく学んでいくのが大学の薬学部での授業です。実はこの授業、薬学部にとってはすごく重要な授業です。というのも、構造を知ることは薬の開発などにおいて役に立ってくるからです。

どういうことかというと、まず「この薬はこの病気に効く」という知見をたくさん集めて、それらの薬の構造を調べていきます。すると、同じ構造をしている部分が発見されます。同じ構造をしている部分があるということは、この構造が病気に効いているという仮説を立てることができますね。これを糸口に、その構造を持った別の薬を開発していくというわけです。

こんなふうに、高校で勉強する物理や化学の知識が、大学での研究にダイレクトに役立つのです。

どんな授業や研究をしている？

ここからは、後半の三年間で行う研究のうち、薬物治療学という分野にフォーカスしていきます。病気の治療にはさまざまな方法があるわけですが、その中でも薬物による治療にフォーカスして、「治療全体の中で薬物治療の位置付けはどのようなものか？」「どんな病気に使われることが多い治療方法なのか？」を考えていくのが薬物治療学です。

薬物治療の代表例としては、抗がん剤治療などがあります。抗がん剤治療は、髪の毛が抜けてしまったり、激しい吐き気に襲われたりと副作用があるイメージが強いかもしれません。どのような薬にも存在するのが副作用ですが、その中には薬の血中濃度と副作用が直接関係しているものがあります。これはつまり、薬の血中濃度が高くなると、副作用が強く出てしまうということです。そしてこのような副作用の出方は、人それぞれ異なってくるという特徴があります。同じ量の薬を処方しても、どれくらいの血中濃度になるかは人それぞれ異なってきてしまうためです。そのため、個々人の体の血中濃度の出方や許容値に合わせて、薬の処方量をコントロールしていかなければなりません。

ちょうどいい量の処方をするためには、患者さんの薬の血中濃度を測る必要がありますが、外部にその作業を委託する病院も少なくありません。というのも、測定する機械がとても高価で、さらにその機械を使える人が病院にいないことが多いからです。しかし、外部に委託すると時間も費用もかかってしまうという問題があります。そこで、病院内でも検査でき、すぐに結果がわかるように研究が進められている方法が液体クロマトグラフィーです。

液体クロマトグラフィーとは、液体の中に含まれるさまざまな成分を性質の違いを利用して分離することで、特定の成分の量を測る方法です。クロマトグラフィーといえば、理科の授業でペーパークロマトグラフィーの実験をやったことがあるとい

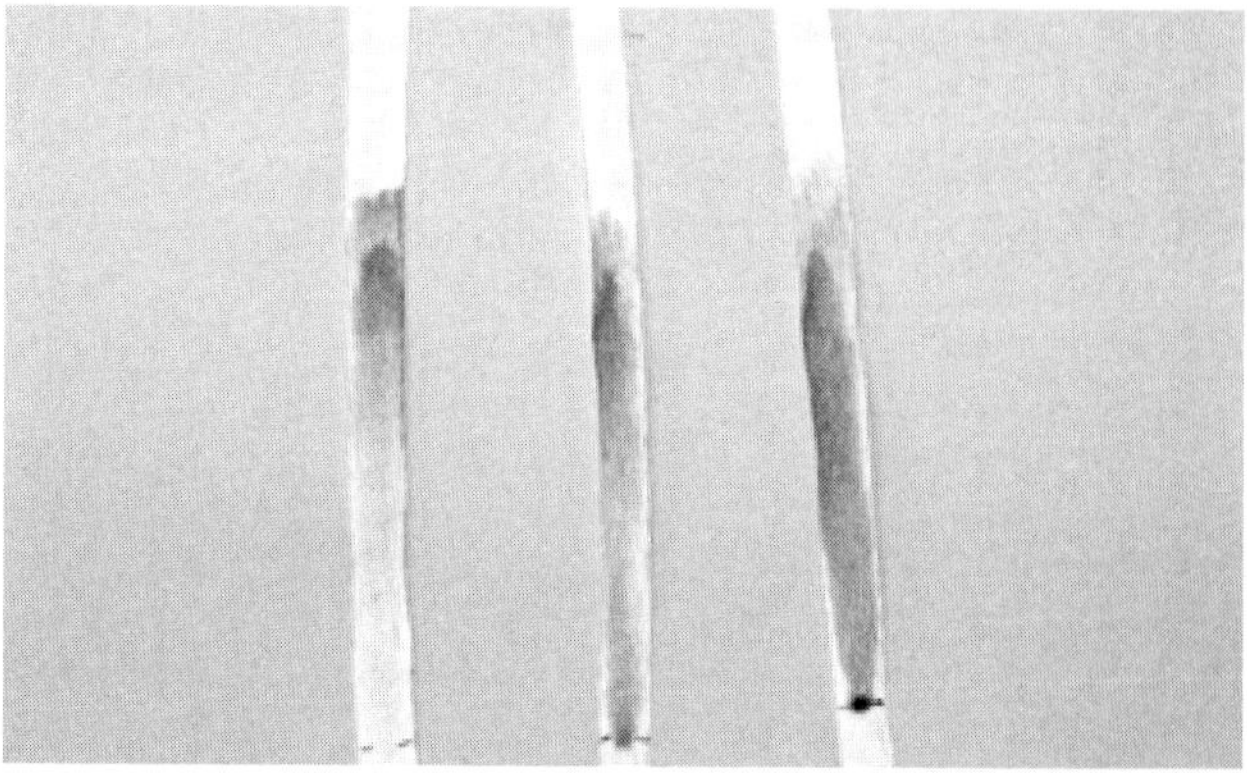

図　ペーパークロマトグラフィー（産総研サイエンスタウンより）

う人もいるでしょう。ペーパークロマトグラフィーは、短冊状の紙にインクをつけて紙の端の片方を水に浸けると、インクが少しずつ分離していくという実験ですね。これも液体クロマトグラフィーの一つです。

現在の液体クロマトグラフィーの技術には、病院で簡単に検査できないことに加えてもう一つ欠点があります。それは、含有量を調べたい成分ごとに実験に使う試薬の種類を変える必要があり、一度に一つの成分しか調べることができない点です。

液体クロマトグラフィーは比較的安価で簡単にできる方法ですので、外部委託ではなく病院内で、しかも複数の成分の血中濃度を同時に測ることができれば病院の負担は今よりもグッと低くなるでしょう。そのために日々研究が行われています。

大学生が学んでいること

ここでは、複数の成分の濃度を一度に調べるための研究を解説しましょう。

クロマトグラフィーでは「移動相」（液体など）と「固定相」（固体など）の道具を使用します。ペーパークロマトグラフィーでいうと水が移動相、紙が固定相に該当します。移動相と固定相にどの物質を使うかによって、得られる実験結果が異なってきます。特定の成分を検出したいときに、それを全く検出しない組み合わせもあれば、低濃度であっても検出してくれる組み合わせもあります。低濃度まで検出できるということは、精度が良いということですね。いろんな組み合わせを実験していきながら、精度が高く検出できる組み合わせを見つけていくことが、研究の第一歩となります。

よい組み合わせが見つかったら、まずは濃度がわかっている液体を機械にかけて、測定された値と違いがないかを確認し、正しい値を測ることができるということが確認できた後で、患者さんの血液を使って検出を行っていきます。さまざまな血中成分の濃度についてこのような実験を繰り返していくと、それぞれを精度よく検出できる移動相と固定相の組み合わせを見つけていくことができるのです。

さて、この研究は元々、複数の成分の検出を一度に行いたいというところから始まっていましたね。一つ一つの成分の検出方法を調べても意味がないのではないか、と思った人もいるかもしれません。しかし、実はここまでで調べたことは、複数の物質を同時に検出する方法を探していく上でとても重要なことなのです。

例えば二つの成分を一回の検査で検出したいとき、どちらも精度よく検出できる移動相と固定相の組み合わせを見つけるために、一つ一つの成分をできるだけ高い精度で検出できる条件をストックしておくことが有益なのです。

この学問を学びたい人へ

医学部でも薬のことを扱った授業はありますが、それは「この薬はこの病気に効く」というような内容であることが多いです。一方で薬学部では、なぜその薬で効果が出るのかまで勉強することができるのが、特徴的の一つでしょう。「なぜ」を解明するための実験が多い学部ですから、実験が好きという人にはおすすめの学部です。

医療統計学

新型コロナワクチンの接種を進めるべき？ ワクチンの費用対効果を数学的に解析する

医薬品の効き目を数学的に計算して、それを販売するべきか否かを考える学問を医療統計学といいます。2020年を境に話題に上がるようになった新型コロナワクチンについても、医療統計学による分析は実施されており、実は私たちの身近なところでも活用されている学問です。医療統計学では費用対効果（コストパフォーマンス）をもとに医薬品の効き目を分析していくことが基本ですが、実際の社会に当てはめてみると、それだけではうまくいかない部分も多くあります。さまざまな要素を考慮して効き目を分析していく医療統計学を通じて、薬学部への理解を深めていきましょう。

どんな分野？

「この薬は頭痛に速攻で効きます！」と謳っているテレビCMを見たことがある人も多いでしょう。そんなふうに自信を持って言えるのは、医療統計学という学問の知見を用いて効果を確かめているからです。今回は、薬作りには欠かせない医療統計学について見ていきます。

そもそも、医療統計学とはどういったものなのでしょうか？　仮に、Lさんがある健康茶を飲んだら、体重が3kg落ちたとします。これはLさんという個人の場合で、健康茶によって体重が落ちたのかもしれないし、たまたま食べる量が少なくて体重が落ちただけかもしれません。こういった一人一人の例のことを症例といいますが、症例が一つしかない場合は、その健康茶が体重を落とすということは断言できません。

健康茶が体重を落としてくれるという効果を示すためには、このような症例をたくさん集める必要があります。たくさんの症例を集めた結果、健康茶を飲んだことと体重が落ちたことに関係がありそうだと推定できて、初めて「体重が落ちる健康茶」として売り出せるのです。

このように、症例をたくさん集めて効果を実証するのが医療統計学です。医療統計学をしっかり理解していないと、研究そのものがダメになってしまうことがあります。過去には、血液検査で卵巣がんの早期発見を可能にする方法を研究した事例がありました。血液検査をするだけでがんの早期発見ができるのですから、すごく嬉しい研究ですよね。

しかし、この研究はのちに、たくさんの批判を浴びることになります。というのも、研究で示した検査は精度が低く、大量の偽陽性を出してしまうものだったからです。つまりは、健康な人でも卵巣がんだという結果が出てしまったのです。

これは、医療統計学を理解しないまま研究を進めてしまったことが原因だとされています。このように、医療統計学を理解していないと、せっかく進めた研究も無駄になってしまうのです。

どんな授業や研究をしている？

2020年は、新型コロナウイルスが世界中に広がった年でした。当時、「ワクチンの大規模接種を推進すべきか?」が大きな話題になったことを覚えている人もいると思います。ワクチンを承認するか否かを国が判断するときにも、医療統計学の考え方が用いられていたのです。

ワクチンの大規模接種を進めるか否かを判断するときの材料となるのが、費用対効果です。かけたコストに見合った効果が得られているかということですね。

具体的に計算してみましょう。1万人に対してワクチンを打って、100人の人が病気に罹ったとします。さらに、「もしも」の世界で、同じ1万人がワクチンを打たなかったら、500人が病気に罹ったとします。

ここで、ワクチンの恩恵を受けたのは何人でしょうか? 今回の場合は、500から100をひいて、400人ですね。ということは、残りの9600人はワクチンを打っても打たなくても関係のない人たちだったということになってしまいます。

このように考えたときに、400人の部分、つまりはワクチンの恩恵を受けられる人数が多ければ、費用対効果が高いと言えるのです。

それでは、この費用対効果はどのように算出するのでしょうか。費用対効果の「効果」の部分の考え方にはいくつかあります。

一番わかりやすいのは、効果をそのまま数値として求める方法でしょう。「5年以内に心臓発作が起こる確率が10%から5%になった」「寿命が1年延びた」というようなイメージです。

あるいは、この効果をお金に換算する方法もあります。「寿命が1年延びたことで、○○円のお金を生み出した」というようなイメージです。

また、生活の質も含めた効果を指すQALY（クオリー）という考え方もあります。例えば、Aの薬を服用したら余命が1年から4年に延びて、その4年間は寝たきりだったとします。一方でBの薬を服用したら余命が1年から2年に延びて、その2年間はずっと元気だったとしましょう。寿命を延ばす効果だけで考えたら、Aの薬の方が費用対効果がいいと言えます。しかし、どちらを服用したいかと聞かれたら、多くの人がBの薬を選ぶのではないでしょうか？　このように、生活の質も含めて薬の効果を考えていくことを、QALYと呼びます。

ここまで、費用対効果を数字の指標として考えてきました。しかし、これらの数値指標だけでは、国がそのワクチンを認可することはできません。

わかりやすい例を挙げてみましょう。80歳で余命10年の高齢者と、10歳で余命10年の子どものそれぞれに効く薬ができたとします。国が出せる医療費の関係でどちらかしか認可できないとしたら、どっちを優先するべきでしょうか。世の中に貢献してきた高齢者を優先すべきか、機会を平等にするために子どもを優先すべきかという問題ですね。このように、限られた資源の中で誰を優先すべきかというのが、考えなければならないことの一つです。

他にも、1／1000の確率で胃潰瘍を治せる薬と、1／1000の確率で胃がんを治せる薬があったとします。治る確率が同じでも、前者にはあまり価値がないように感じますが、後者なら試したいと思うのではないでしょうか？　このように、効果が低いとしても、重篤《じゅうとく》な病気に対するものであるほど価値ある薬になるのです。

大学生が学んでいること

薬やワクチンを作る上で一番基本となるのは、その薬が効くかどうかです。大学生のうちは、その効き目を調べるための基礎となる数字の処理ができるようになることが重要です。ここからは、薬学部に通う大学生が必ず学ぶ、医療統計学の基礎となる数字の処理の仕方を概観します。

薬の服用や生活習慣など、ある行動が病気に対してどれくらいの効果があるかを考えるにあたって、「リスク比」と「オッズ比」という考え方が存在します。

喫煙と肺がんの関係を例に考えてみましょう。リスク比というのは、現在肺がんではない人を喫煙者と非喫煙者に分けて、その後肺がんになったかどうかを調べた時に出てくる数字のことです。喫煙者5人のうち3人が肺がんになり、非喫煙者5人のうち1人が肺がんになったとしたら、喫煙により肺がんになるリスクはそれぞれ3／5＝0・6と、1／5＝0・2になります。すると、リスク比は0・6／0・2＝3です。つまり、喫煙者は非喫煙者の3倍、肺がんになるリスクが高いということですね。

一方でオッズ比というのは、すでに肺がんになった人が過去に喫煙をしていたかどうかを調べた時に出てくる数字のことです。肺がんになった人のうち、喫煙者が4人、非喫煙者が2人だったとします。さらに、肺がんになっていない人のうち、喫煙者が2人、非喫煙者が4人だったとします。すると、オッズはそれぞれ4／2＝2と、2／4＝0・5ということになり、オッズ比は2／0・5＝4となります。

ここで注意しなければならないのは、オッズ比が4と出たからといって、4倍肺がんになりやすいというわけではないという点です。1よりも大きい数が出て、さらにはその数は大きいほど、喫煙と肺がんの関係性は強いと言えますが、逆に言えばそれ以上のことは言えません。

リスク比とオッズ比を正しく使い分けられるようになることが、医療統計学を学ぶ上での第一歩です。

この学問を学びたい人へ

薬に関わる人間として、さらには医療に関わる人間として、薬の効き目を評価したり、お金との関係を考えたりすることはとても重要なことです。それを考える医療統計学は、薬学部で学ぶことの中でも根本的な部分に関わる学問だと言えるでしょう。

医療統計学は、製薬会社などで新薬を作る際に重要なのはもちろんのこと、医療に関する政策を作る上でも重要な判断材料になります。少子高齢化社会で医療費が膨れ上がる中、限られたお金で多くの人の生活を守るためにはどうすればいいのでしょうか。費用対効果という数字だけでは説明できない問題に挑んでいくことができるというのは、医療統計学の難しさであり、面白さであると言えるでしょう。

構造生物学

タンパク質ってどんな形？　目に見えない世界の謎に迫る

私たちの目に見える世界では、モノの構造と機能が結びついているのが当たり前だと思います。例えば、てこの原理を利用したハサミの構造と、紙が切れるという機能は結びついていますよね。しかし、私たちの目に見えない分子の世界になると、それが当たり前ではなくなってしまいます。人間の身体でさまざまな作用をするタンパク質は、その機能は知られていても、構造は知られていない場合が多いのです。この構造を解き明かし、機能と結びつけるのが薬学部で学べる構造生物学です。地道な実験でタンパク質の構造を解き明かそうとしている大学生の研究を紹介していきます。

どんな分野？

私たちの体の多くはタンパク質でできています。そのタンパク質を中心として、体の中で働いている分子の形を調べ、さらにその形と分子が持っている機能を結びつけるのが構造生物学です。薬学部で学ぶ科目である物理、生物、化学の中でも、生物に近い分野といえます。

それでは、なぜ薬学部でタンパク質の形の研究がされているのでしょうか。実は、この研究が病気を治すことにつながるかもしれないからなのです。

仮の例ですが、「紙を切る」という機能を持つタンパク質が見つかったとしましょう。見つかった時には、構造がわかっておらず、紙が切れるという機能だけがわかっている状態です。ですので、その構造はハサミかもしれないし、カッターナイフかもしれないわけです。

ここで、この「紙を切ることができる」タンパク質が紙を切ることができなくなったら、病気の状態になったということができます。この病気を治すにはどうすればいいでしょうか？

もし構造がハサミだったら、刃を研げばまた切れるようになります。あるいは、カッターナイフだったら、古い刃を折って新しい刃を出す必要がありますね。このように、構造によって病気にどう対処するかが変わってくるのです。

つまり、私たちの体の中のタンパク質が本来の機能を果たさなくなり、私たちが病気になってしまった時、それを治すためにはタンパク質がどういう構造になっているのかを知らなければならないのです。

それでは、タンパク質は実際どんな構造をしていると思いますか？　実は、種類に応じてとても多様で、複雑な構造を有していることが多いです。

例えば、βシートという構造があります。これは、その名の通り板のようになっていて、筒状に変化させることもできます。筒状にしたものは、βバレルと呼ばれ、その筒の中に色々な物質を取り込むことで、それに応じた機能を発揮するのです。例えばこの筒の中に蛍光物質が入れば、光る機能を持つことになります。

どんな授業や研究をしている？

タンパク質一分子は、肉眼では到底見えないほど小さなものです。そんな小さなものの構造を、どのようにして調べていると思いますか？

主に使われる方法は、ざっくり分けて三つあります。

まず一つ目は、「X線結晶構造解析」というものです。タンパク質は、すごく頑張れば結晶にすることができます。夏休みの自由研究でミョウバンの結晶を作ったことがあるという人もいるかもしれません。あれと同じ原理で結晶を作っていきます。どういう原理かというと、溶かしたいものがたくさん溶けている状態から、あまり溶けない状態に溶液を変化させることで、元々溶けていたけど溶けきれなかった分が結晶として出てくるというものです。ミョウバンの場合は温度が高いほどたくさん溶けるので、熱湯の状態でミョウバンを溶かして、その溶液を冷やせば完了です。ただし、タンパク質は温度に弱く、ミョウバンと同じようにはいきません。ですので、タンパク質が溶ける量が少なくなるような物質を入れて、結晶を取り出していきます。

ここで、冒頭に「すごく頑張れば」結晶にすることができると言いましたが、これは一回くらいでは成功しないという意味です。条件を変えながら何百回も繰り返すうちに、やっとタンパク質を結晶として取り出す条件を見つけることができるのです。

X線結晶構造解析はここまでの作業がとても大変ですが、一度結晶を取り出してしまえばあとは簡単です。X線をその結晶に照射して、光の跳ね返り具合の情報を集めることで、タンパク質がどんな形をしているのかを調べていきます。

二つ目は、「Cryo-EMによる単粒子解析」です。Cryo-EMはクライオEMと読み、電子顕微鏡の一種です。電子顕微鏡では、学校の理科室にある顕微鏡よりももっと小さなものまで見ることができるため、タンパク質を直接見ようということですね。

とは言っても、電子顕微鏡ではタンパク質を二次元にしか見ることができません。なので、色々な方向を向いているタンパク質の形をデータとして集めて、三次元で見るとどんな構造をしているのかを推測していく必要があります。空き缶を上から見たら丸に見え、さらに横から見た時には四角に見えるので、このデータを総合すると円柱の構造だろうと予測するという要領です。

電子顕微鏡を使った方が簡単ではありますが、先ほどのX線結晶構造解析の方が一般的にはより細かい構造がわかると言われており、一長一短があるというわけです。

三つ目は、「NMR法」です。これは核磁気共鳴（nuclear magnetic resonance）法の略称で、分子の中の原子核に強い磁場を与えて電磁波を照射すると、原子核が電磁波の一部を吸収するという性質を利用した方法です。ある原子を対象にしたときに、周囲にどんな原子がいるのか、それらの原子とはどれくらいの距離があるのかといった環境の違いによって、どれくらい電磁波を吸収するかが異なります。これを利用して分子の中に含まれる原子一個一個について電磁波の吸収の度合いを調べることで、分子の全体像を推測していくということです。ただし、それぞれがどれくらいの距離に位置しているのかということしかわからないため、全体を推測するのはとても難しいので、全体像を把握するという目的では、この方法はあまり使われません。とは言っても、この方法にも良さはあります。一つ目と二つ目の方法では、タンパク質を固体の状態にして動けなくしてから観察するという方法をとっていましたが、三つ目の方法では溶液の中をゆらゆら動いている状態で観察することができます。そうすると溶液の中に薬品や他のタンパク質を入れたときに、それらがくっつく速度や、くっついたり離れたりする頻度をリアルタイムで観察することができます。

このような方法を目的に合わせて駆使しながら、タンパク質の構造を解き明かしていきます。

大学生が学んでいること

ここからは、実際に大学生がタンパク質の構造を調べるときにどんな手順で実験を行っているのかを説明します。

実験をするにあたって一番最初にやらなければならないのが、タンパク質を用意することです。実は、この部分が一番大変だと言っても過言ではありません。

もちろん、料理の材料のように目的のタンパク質が直接手に入れば問題はありません。農場から牛の血液をもらって、そこから目的のタンパク質を抽出したりという形でタンパク質を手に入れる方法もあります。しかし、これができない場合は、タンパク質の設計図であるDNAを使って、強制的に目的のタンパク質を作らせる必要があるのです。

タンパク質を手に入れることは容易ではありませんが、DNAであれば容易に手に入れることができます。ですので、まず目的のタンパク質を作ってくれるDNAを用意します。

この時、このDNAの頭か尻尾に、「タグ」と呼ばれる目印になるものの設計図をくっつけておきます。

さて、ここで用意できたDNAですが、野ざらしのままではタンパク質を作ってはくれません。そこで、大腸菌や酵母、昆虫細胞、ヒト細胞などのタンパク質を作れる環境に、このDNAを入れていきます。そうすると、目的のタンパク質とそれにくっつけたタグを一緒に作ってくれるというわけです。

ここで、DNAを入れた環境には、別のタンパク質も元々存在しています。観察するためには、その中から目的のタンパク質だけを取り出したいですよね。その時に活躍するのが、最初にくっつけておいたタグです。このタグは特定の物質にくっつくという性質を持っています。ですので、いろいろなタンパク質が混在する環境の中にその特定の物質を入れることで、目的のタンパク質だけを集めることができるのです。ここまでくれば、あとは目的のタンパク質を切り取るだけです。

しかし、ここまでの作業はこれほどスムーズには進まないのも事実です。DNAがタンパク質を作ってくれなかったり、目的のタンパク質ではないタンパク質も一緒にくっついてきてしまったりというように、なかなかうまくいかないのです。何回も試行錯誤を重ねながら、目的のタンパク質を取り出していきます。

そして一度タンパク質を手に入れてしまえば、あとはそれを観察していくだけです。大学生の多くは、先ほど二つ目に取り上げた電子顕微鏡を使って、その構造を推測していきます。

この学問を学びたい人へ

この学問では、構造と機能を結びつけて考えていくことができます。私たちの目に見えない世界で、私たちが知っている世界とは違った動きをすることもある分子について解明していくことができるのは、この学問の一番の面白さでしょう。

教科書では、タンパク質の多くはただの丸で表現されていることが多いです。このような教科書の説明だけでは足りず、「実際はどんな形をしているんだろう?」「どういう構造がこの機能を可能にしているんだろう?」ということが気になる人にはおすすめの学問です

第8章

農学部

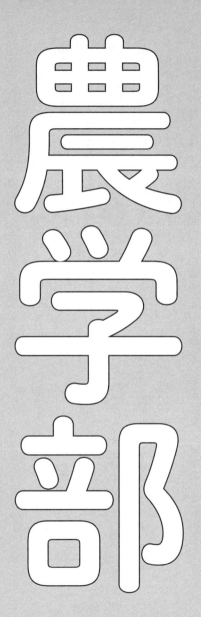

農学部とは、肉眼では見えない微生物から植物や動物に至るまで、人間が利用する生物全般を研究対象とする学部です。理学部などで学ぶ生物学と異なる点としては、技術を応用した生活の質の向上を目的としている場合が多いということです。

その代表例として、食品科学という分野があります。これはまさに、農学の知見が、私たちの生活の一部である「食」に直結してくるものだと言えるでしょう。

このような特徴のある農学部ですが、学問分野をざっくり分けると、「動物」と「植物」の二つに分けられます。さらに、動物と植物それぞれで、分子レベルでの研究、組織レベルでの研究、個体レベルでの研究、群レベルでの研究というようにスケールの大小があります。

動物の分野では、私たち人間の体の中でどのような反応が起きているのかを明らかにする動物生命システムや、海の生き物を専門に研究する海洋生物学などが存在します。さらには、動物の医学を学ぶ獣医学を農学部で学べる場合もあります。

植物の分野では、森や公園などの草や木が生い茂っている場所である「緑地」について研究する緑地学や、植物の見た目を細かく調べていく植物形態学などがあります。

この章では、食品科学、海洋生物学、動物生命システム、緑地学、獣医学という五つのトピックを紹介していきます！

食品科学

スーパーで売っているサーモンは何のお魚？
身近な食材の見え方が変わる食品の科学

皆さん、サーモンはお好きですか？　スーパーでも売られているポピュラーなお魚ですが、実は同じサーモンとして売られている魚に、いくつもの種類があることをご存じでしょうか。こんなふうに、実際はどんなもので、どこからきたものなのか、あまりよく知らない食品も多いと思います。私たちが毎日食卓で口にする安全で美味しい食品が食卓に届くまでを、その裏で支えているのが食品科学です。今回は農学部で学べる食品科学についてナビゲートしましょう。

どんな分野？

農学部ではさまざまな生き物やその生息環境について学んでいきますが、生き物を食品そのもの、もしくは食品に関連するものとして研究していく食品科学という分野が存在します。

具体的にはどんなことをしているかというと、食品に含まれる成分を調べたり、その成分の特性を調べたり、適切な保存、貯蔵方法について考えたりしています。まさに、食品にまつわることの全てが研究対象になるのです。

いくつか例を示しましょう。農学部の食品科学の中でも、海や川の生き物を専門にしている人の研究テーマの一つに、魚の養殖方法が挙げられます。ある魚を養殖するときに、どのような餌をどれくらいあげると、どれくらい成長するのかなどを実験を通して調べていくのです。

他にも、寄生虫や微生物に関する研究も食品に密接に関わっています。皆さんはアニサキスという寄生虫を聞いたことはありますか？　アニサキスは、カツオなどに寄生していることが多い糸状の寄生虫で、人が飲み込むと激しい腹痛に襲われます。このような危険な寄生虫が寄生したままにならないように、食べる前の適切な処理や保存方法などについて研究が行われているのです。微生物に関しても、食べると危険な微生物は存在しますが、逆に食品を美味しくしてくれる役割を果たす微生物も存在しています。納豆菌やヨーグルトの乳酸菌などはその代表例ですね。このような微生物の活用についても研究が進んでいます。

このように、食品科学では、まさに私たちの食卓に直結するような研究がたくさん行われているのです。

どんな授業や研究をしている？

ここからは、食品科学を学ぶ上で基本となる知識を整理します。

食品科学でよく扱われる手法に、ＰＣＲという手法が存在します。新型コロナウイルスの検査などにも用いられており、聞いたことがある人も多いと思います。しかし、実際どんなことをする検査方法なのかを説明できる人は少ないでしょう。

ＰＣＲを簡単に説明すると、生き物の遺伝子の情報であるＤＮＡを採取して、それを増幅する手法です。DNAを観察したいと思っても、そんなにたくさんのDNAを採取することはできません。そこで、少量のDNAをPCRで増幅させることで、中身を観察しやすくするのです。こうしてDNAのなかの微生物の有無や、DNAを構成する塩基配列を調べていくのです。

また、このような方法を用いて塩基配列を調べ、系統樹を書くのも基礎的な勉強の一つです。系統樹というのは、生物の進化を枝分かれで表した図のことです。塩基配列の違いを地道に確認しながら、最近分岐したばかりの種、かなり前に分岐した種などを特定して系統樹を作っていくのです。

系統樹を調べておくことで、新種が発見された時にどこから来たものなのかがわかるようになります。

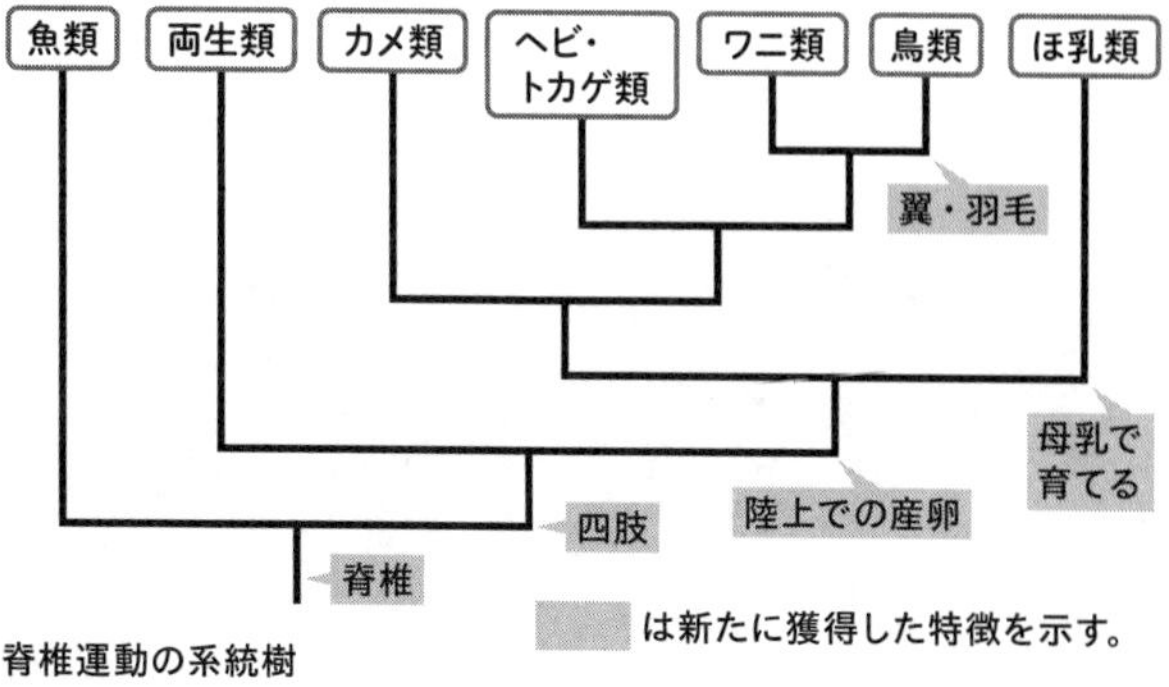

図　系統樹

大学生が学んでいること

食品科学の基礎的な知識であるＰＣＲや系統樹の扱い方について学ぶ一環で、ある農学部の大学生はスーパーで買ってきたサーモンの種類を調べました。サーモンの種類ってなんだろうと疑問に思った方もいるかもしれません。実はサーモンというのは魚の名前ではなく、サーモンと一口に言っても、さまざまな種類の魚がサーモンとして扱われているのです。なのでサーモンとして売られているその魚がなんという名前なのかをＰＣＲなどの手法を使って調べていきました。

実験では、まずスーパーで買ってきたサーモンをすり潰し、薬剤などを加えながら溶かしていきます。こうすることで、サーモンの身の中にあるＤＮＡを取り出すことができるのです。ただし、ここで取り出すことができたＤＮＡには、ＤＮＡ以外の不純物がたくさん付着している状態です。ＰＣＲを使うにはＤＮＡだけを取り出す必要があるので、この不純物を丁寧に取り除いていかなければなりません。さて、どのように取り除いていけばいいでしょうか？

まずは、カラムと呼ばれる機器にＤＮＡを吸着させます。水を濾過《ろか》する時のような原理で不純物を取り除いていくのです。そうすると、ある場所には不純物、ある場所にはDNAという形でカラムの中に吸着するわけですが、まだ完全に分離しきっているわけではありません。そこで、このカラムを高速で回転させることのできる遠心分離機にかけていきます。こうすることで、液体と不純物が遠心力で分離されて、DNAだけがカラムに残るのです。これでやっとDNAが取り出せた！　と思いたいところですが、この作業を一回やったくらいでは不純物を完全に取り除くことはできません。カラムに残ったDNAを再度液体に溶かし、同じ作業を繰り返し行っていきます。

このようにして取り出したDNAは、専用の機械でPCRを行っていきます。機械では、さまざまな温度や時間の管理を行ってくれたりします。○℃で○分、次は△℃で△分……といったことを設定しておくと、その一連の設定通りの温度・時間管理を行ってくれる機械もあります。

この学問を学びたい人へ

先ほどの実験では、スーパーのサーモンが実はニジマスだったという結果が出ました。このように、「サーモンだと思って食べていた魚は実は○○という魚で、こんなふうに育てられていたんだ！」ということがわかるようになっていくと、スーパーに行った時の食材の見え方が少し変わってくるはずです。食品科学は、私たちの身近な食品のあり方について理解を深められる学問だと言えるでしょう。

食品科学を学ぶ人には、食べることが好きだったり、食品に興味があったりする方が多いと言います。どんな研究であっても、最初の切り口は「好き」という気持ちだということですね。身近なものを研究テーマにしたい人、そして食べることが好きな人にはおすすめの学問です。

海洋生物学

海の生き物と向き合い続けてわかった、水族館の「真の魅力」

農学部で生き物について学ぶ人たちの中には、水の中の生き物に特化して学んでいる人たちが存在します。それが今回ご紹介する海洋生物学です。海洋生物学では、海の生き物そのものを直接観察することが日々の大切な学びの一つとなります。そこで学生たちが取り組む実験の一つが、生物の「同定《どうてい》」作業。つまり、目の前の生き物や標本を観察して、その特徴を図鑑の生物と照らし合わせることで、目の前の生き物の種類を確定させる作業です。これを繰り返すことで、今まで見えていなかったものが見えてくるようになります。すると、今まで何気なく訪れた水族館の見え方は一変し、何倍も楽しめるようになるのです。

どんな分野？

海洋生物学では海に住む生き物や水質など、海に関することをさまざまな角度から学んでいきます。生き物の大きさはプランクトンから鯨まで、場所は深海から浅瀬まで、まさに海の全てが研究対象です。

海洋生物学を学ぶ大学生は学校内外問わず、さまざまなフィールドで生き物を直接観察することが日々の学びの中心となります。例えば、大学内ではホタテやアワビ、スルメイカ、カニなど、私たちにとっても身近な生き物の解剖を行っていきます。解剖をしながら、臓器の配置や骨の形などの細部に至るまでスケッチをしていく中で、生き物の体の構造を理解していきます。これが海洋生物学を学んでいく上での基礎的な知識となって、その後の応用的な研究につながっていくのです。

また、このような観察が行われるのは学校内だけではありません。実際に海のある地域を訪れて、船に乗って実習を行うこ

図　実習で船に乗る

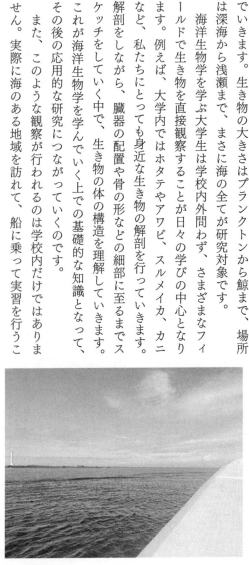

ともあります。船に乗る目的はさまざまですが、実際に自分で漁業を体験するのもその一つです。定置網漁や延縄《はえなわ》漁などさまざまな形式の漁業を体験する中で、それぞれの漁業の特徴を学んでいきます。

他にも、水質を調査するために船に乗って水を採取することもあります。海であれば岸に近い水、沖の方の水、浅い部分の水、深海の水などさまざまな地点の水を採取して、その水に含まれる養分やプランクトンを調べていきます。それらを顕微鏡で見ていくと「この地点には○○というプランクトンが多い」というような発見があるわけです。これが、プランクトンの特徴や生息域を調べたりすることにつながります。

このように、生き物と直接向き合いながら学んでいくのが海洋生物学なのです。

どんな授業や研究をしている？

生き物について理解を深める上で最も重要な作業の一つともいえるのが同定作業です。これは、目の前の生き物がどんな種類の、なんという名前の生き物なのかを判別する作業です。魚や海藻、貝など生き物全般が同定作業の対象となり、新鮮な生の状態で作業をすることもあれば、標本となった状態で作業することもあります。

先ほど「食品科学」の項でも出てきた系統樹が、同定作業を行う上で重要になってきます。復習しておくと、系統樹とは生物の進化の道筋を木の枝分かれのように表した図のことですね。脊椎《せきつい》を持つ脊椎動物の中での一番大きな枝分かれだと、四肢があるかないかで魚類とそれ以外に分けることができます。このような枝分かれをどんどん辿っていって、目の前の生き物の種類を確認するというわけです。

とは言ってもあまりイメージがつかないと思うので、魚の種類を同定するときを例に、よく注目される枝分かれポイントをお教えします。まずは一番わかりやすい、魚全体の形を見ていきます。表面の柄も要注意ですね。どのような縞模様があるか、例えば縦縞か横縞かといったところで分岐があるからです。さらには、「鰭条《きじょう》」と呼ばれる魚のヒレについたトゲトゲの本数や、その硬さも重要な確認ポイントです。また、魚の口を開いて歯の数や形を確認することも多くあります。

このように、さまざまな枝分かれポイントを確認しながら生き物の種類を同定していきます。こうして生き物の細かい特徴まで見ていくことで、研究の過程で魚を捕らえたときにその魚の特徴を瞬時に思い浮かべることができ、新たな発見につながったり、あるいは、新種への気付きにつながることもあります。

大学生が学んでいること

同定作業について説明してきましたが、この作業は一体どのくらいの時間がかかると思いますか？　ある大学生がクマノミの同定作業を行った時には、なんと3時間もかかったといいます。クマノミというと映画の主人公になったこともある有名な魚ですね。オレンジ色に白と黒の縞模様が特徴的です。クマノミだったらぱっと見でわかるのではないのかと思った方も多いでしょう。なぜ三時間もかかったのかというと、そのクマノミが標本の状態だったからです。

標本の状態では、魚の本来の色がわからなくなってしまいます。そのため、魚全体の形やトゲトゲの本数、ひれの形、歯の並び方など細かいところまで確認しなければ同定ができないため、時間がかかってしまったんですね。簡単そうに見えて、意外と骨の折れる作業が同定作業です。

このような勉強をしていると、生き物の特徴がよくわかるようになっていきます。水族館に行った時には、「このお魚は口の尖った形状的にキホウボウだな」とか「同じような見た目のフグだけど、目の上に棘があるからウミスズメだな」ということがわかるようになります。これは勉強をしている人だけに可能なことです。あるいは、思いがけぬレアシーンに遭遇することも。イメージしやすい例では、繁殖期のときに体の色が変わる魚がいたり、他にも、プロポーズのときにダンスのようなものをする魚もいます。このことを知った上で魚を見ていると、体の色の違いや動きの変化に気付けて、「魚がプロポーズしている！」という感動が生まれたりするのです。

このように、これまでにはなかった視点で水族館の生き物たちを見ることができるので、これまでの何倍も水族館が楽しくなるのです。

この学問を学びたい人へ

川や海をいろいろな角度から勉強していくと、大きさも形も違う生き物たちが、それぞれの生きやすい居場所を持って生息していることがわかります。その多様性が、海洋生物学を学ぶ一つの醍醐味だと言えるでしょう。

また、生き物が好きな人、海や川などに興味がある人は、海洋生物学を学ぶ過程でその見え方が変わってくるはずです。その中で、一層深い愛情が持てるようになるでしょう。生き物が好き、生き物への理解を深めたいという人にはおすすめの学問です。

動物生命システム

オンラインと対面はなんで違うんだろう？

コロナ禍においてオンラインでの人とのコミュニケーションが急増したと同時に、対面の良さも再認識されつつありますが、実際にオンラインと対面の違いにはどういったことがあるのでしょうか？　感覚としてはわかってきているオンラインと対面での違いを考察する方法にはさまざまなものがありますが、その一つに「動物の体の働き」という観点からの考察があります。動物についても扱う農学部で、「私たちの身体の中ではどのようなことが起きているのか」という観点からオンラインと対面との違いの分析を試みる大学生の研究を紹介していきます。

どんな分野？

農学部というと、農業などの植物や自然環境を思い浮かべる人が多いかもしれません。そのような分野はもちろん存在していますが、それだけにとどまらず動物についても扱うことの多い学部です。動物の分野で研究されている内容には大きく分けて二つの種類があります。それが生命システムと動物の生態です。

生命システムは「動物の体がどんなふうに動いているんだろう」という疑問を明らかにするものであるのに対して、動物の生態は「動物はどんなふうに生活をしているんだろう」という疑問を明らかにするものです。今回はその中でも、動物の体がどんなふうに動いているのかを研究する、生命システムの分野を学んでいきます。

体がどんなふうに動いているのかを研究するといっても、具体的なイメージが湧かないかもしれませんね。例えば胃や肝臓などの臓器を解剖して働きを見たり、血液が血管の中をどのように流れていくのかを見たりしていきます。そこからさらに細かく、臓器や血液を構成している小さな分子がどんなふうに動いているのかも研究対象になります。皆さんはお腹がいっぱいになると、眠たくなりませんか？　実はあれも、分子の動きによって引き起こされるものなんです。ご飯を食べると血液のなかの糖が急増し、それに反応して、脳で目を覚ます分子の分泌が少なくなってしまうんです。これがご飯の後の眠気の原因です。このように、本当に体の隅々まで研究するのが、生命システムの分野というわけです。

分子がどんなふうにやりとりをしているのか、それを解剖などの実験により明らかにしていくわけですが、解剖の様子に少しだけ触れると、まず最初に仮説を立てるところから始まります。ここでは「薬品Aを投与すると胃で分子Bが増える」という仮説を立てた場合を考えましょう。

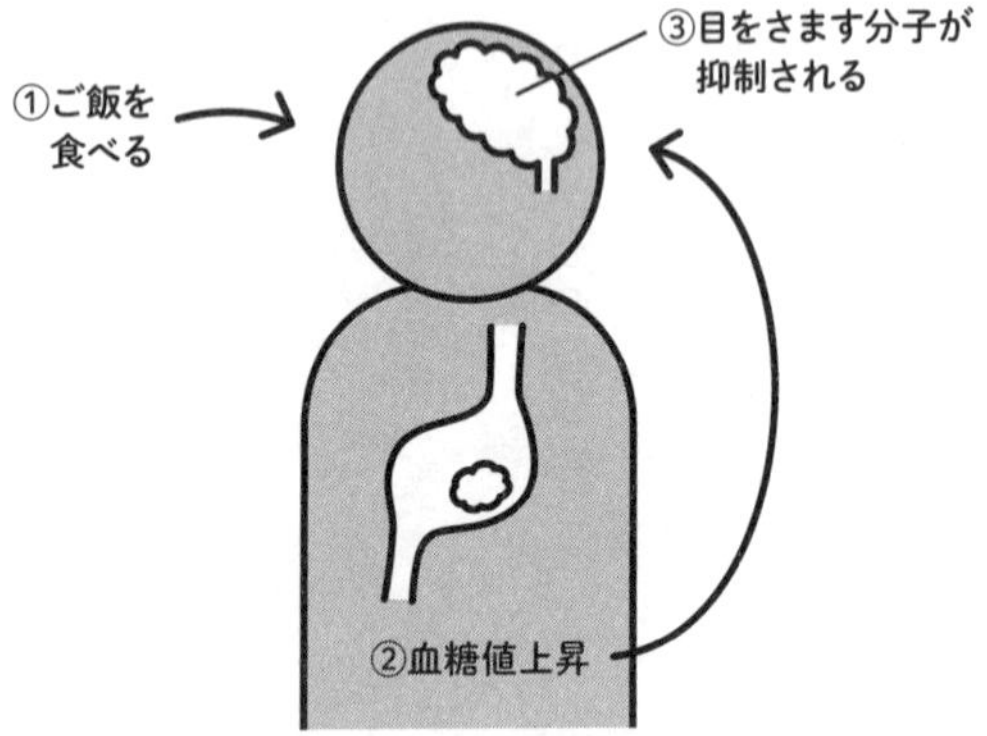

図　ご飯を食べると眠くなる理由

薬品Aをマウスに投与すると、投与したマウスの胃の中では分子Bが増えたはずです。それを確認するために複数匹のマウスを解剖して、そのマウスの胃を取り出します。取り出した胃をすりつぶしたり、薬品で溶かしたりと処理をして、できた液体に電気を流すと、その中に含まれる分子が動きます。

ここで利用するのが、大きい分子ほど進みづらいという特性です。大きい体よりも、小さい体の方が動きやすいのは人間も同じですね。その特性を利用して、「ここまで動いてきたということは分子の大きさが100だから、これは分子Bだ！」というように特定していきます。特定ができれば、そこまで動いた分子の量を測って、分子Bが増えたかどうかを調べることができるというわけですね。

農学部で動物の分野を専攻する大学生の多くは、このような解剖実験を多く行いながら、基礎的な知識を身につけていきます。

どんな授業や研究をしている？

コロナ禍でオンラインになってから、対面する価値が叫ばれるようになりました。オンラインで話をするのであれば、移動しなくても良いし、楽なようにも感じます。でもやっぱり、対面の方が話しやすい気もします。これはなぜなのでしょうか？　この謎を解き明かす鍵が動物の生命システムにあります。

それは何かというと、オキシトシンという体内で分泌される物質です。このオキシトシンは安心感を生み出していると言われています。しかし実は、オキシトシンがどう作用しているのかは今もまだ研究段階の領域なんです。その仕組みはかなりわかってきているものの、いまだ生命システムの中でも最先端の領域です。

これまでに実施されたオキシトシンの研究には、社会性に関連したものが多くあります。その代表例が、オキシトシンが少ないマウスにうつ病になりやすい傾向があることを明らかにした研究です。どんな研究をしたかというと、まずマウスに薬品を投与してオキシトシンの分泌を抑えます。次にオキシトシンの少ないマウスと、そうでないマウスとを用意し、顔を撫でる回数を観察していきます。顔を撫でるという行動は、うつ病の状態にあるマウスが多くする行動だと既に解明されています。なので、オキシトシンの少ないマウスは顔を撫でる回数が多く、うつ病の状態が示された、といえるわけですね。

安心感に起因すると言われているオキシトシンは、皮膚《ひふ》接触により分泌されると考えられています。皮膚接触というと難しく聞こえるかもしれませんが、これはつまり、手をつないだり、ハグしたりすることです。手をつなぐとき、ハグをするとき、皆さんは安心する気持ちになりませんか？　あの気持ちは、オキシトシンによるものなのです。

とはいっても、手をつないだり、ハグをしたりしなくても、一緒にいるだけで安心感は生まれるかもしれません。それはまさに研究中の分野で、オキシトシンが皮膚接触以外でどのような時に分泌されるのか、これからの研究成果が期待されています。

冒頭でお話しした、オンラインと対面とで感じる違いには、このようなオキシトシンによる効果が関係しているのかもしれませんね。

大学生が学んでいること

ここからは、このオキシトシンの効果について興味を持った農学部の大学生の話になります。この研究に興味を持ったきっかけは、意外にも教育でした。教育に興味があった大学生Mさんは、生徒との良い接し方とはどのようなものかを考えていました。生徒の自己肯定感が上がるとか、自分に自信を持てるようになるとか、そんな効果をどう出せるのかを考えたMさんは、それを研究するために農学部に進学しました。

なぜ教育を研究するために農学部なのかと不思議に思った方も多いでしょう。教育学部ではなく農学部を選んだ背景には、「自分の考えに確固たる根拠が欲しい」という思いがありました。

仮に「生徒との良い接し方」というものがあったとして、その現象だけを学ぶのでは、その接し方が良いと言える根拠がありません。「理由はわからないけどこうすると良いらしい」という理解で止まってしまいます。

しかし、よい接し方の背景にある科学的な裏付けまで学びたかったMさんは、それが学べる農学部を選んだのです。

その上で、よい接し方としてオキシトシンに注目しました。オキシトシンがどんなふうに作用するのか、冒頭で記した解剖実験などを駆使しながら、明らかにしていきたいそうです。

この学問を学びたい人へ

農学部の動物の分野では、ある特定の動物のとても具体的なことから、動物全般にあてはまる特徴といった抽象的なことまで幅広く学ぶことができます。動物に興味があって、「この現象はなんでこうなっているの?」という理由が気になる人にはおすすめの学問です。

緑地学

田園風景は人工物⁉　日本三代庭園「後楽園」の生い立ちに迫る

後楽園には長閑《のどか》な田園風景が広がっています。後楽園は三角州に位置する庭園であるものの、その中に配置されている畑や田んぼにはわざわざ上流から引いてきた水を使用しているそうです。それは、後楽園がある場所がもともと干拓地《かんたくち》で、周囲にある水の塩分濃度が軒並み高いため、田んぼを作るためには遠くから真水を引いてこなければならなかったからです。では、なぜそうしてまで田園風景を作ろうとしたのでしょうか？　この謎に、後楽園を有する岡山出身の大学生が農学部の知見によって迫ります。

どんな分野？

森や公園などの草や木が生い茂っている場所のことを「緑地」と言います。山や林だけでなく、公園や畑なども緑地に含まれます。農学部の緑地学では、緑地そのものだけではなく、緑地と人間の関わり方を考えるのが特徴です。

例えば、少し前の日本には里山というものが多く存在していました。里山というのは、山と集落との境目に位置する、人間の生活の影響を受けた生態系が存在する山のことを言います。この里山には、人間が食べ物を採る場所としての機能や、山の地崩れを防止する機能などがあったとされています。このように里山が担ってきた機能を調べた上で、里山が少なくなってきた現代でその機能をどのように補っていくかという議論などをしていきます。

また、もう少し現代に寄った例を挙げるなら、公園などが緑地として挙げられます。公園の機能としては避難場所、子どもの遊び場、近隣住民のコミュニケーションが生まれる場などの機能が考えられるでしょう。

このようにして、さまざまな緑地と人間がどのように関わってきたのか、そして今後どのように関わっていくのが良いのかを考えていく分野なのです。

緑地学の研究でよく採用される研究方法には、フィールドワークというものがあります。実際に里山に行ったり、公園に行ったり、並木道に行ったりしてその緑地を観察するという研究手法です。さまざまな地域の、さまざまなタイプの緑地について観察していく中で、緑地に対する理解を深めていくのです。

どんな授業や研究をしている？

突然ですが、「景観」と「風景」という言葉はそれぞれどんなものを意味していると思いますか？

正解は、客観的か、主観的か、という違いです。景観は地理学の用語で、客観的に分析したもののことを指します。つまりは、目に見えたものそのもの、ということですね。一方で風景は、人間が主観的に見たもののことを指します。人間がそれにどんな文化的価値を見出しているのかまで含めて風景なのです。緑地学では多くの場合、景観に関する研究をする人、風景に関する研究をする人に分かれていきます。それぞれどんな研究をしているのか、少しずつつまみ食いをしてみましょう。

まずは、景観に関する研究です。

ある景観を分析する際に、パッチ、コリドー、マトリクスという三つの空間に区切って考える手法があります。いかにもな専門用語で、なかなか頭に入ってきにくいかもしれません。それぞれ、パッチは丸い形をした緑地、コリドーはパッチ同士をつなぐ帯状の形をした緑地、マトリクスはそれ以外を意味します。この用語には、景観がどんな構造になっているかを一目でわかりやすくする効果があり、景観の特性を分析しやすくなるのです。

緑地の景観の分析以外にも、土地をどのように利用していくかというような土地の利用計画についても研究がされています。日本にはいろいろな緑地があって、さまざまな使われ方がされているわけですが、国単位でその使い方を制御していかないといけない状態の緑地が存在しています。その代表例が畑です。

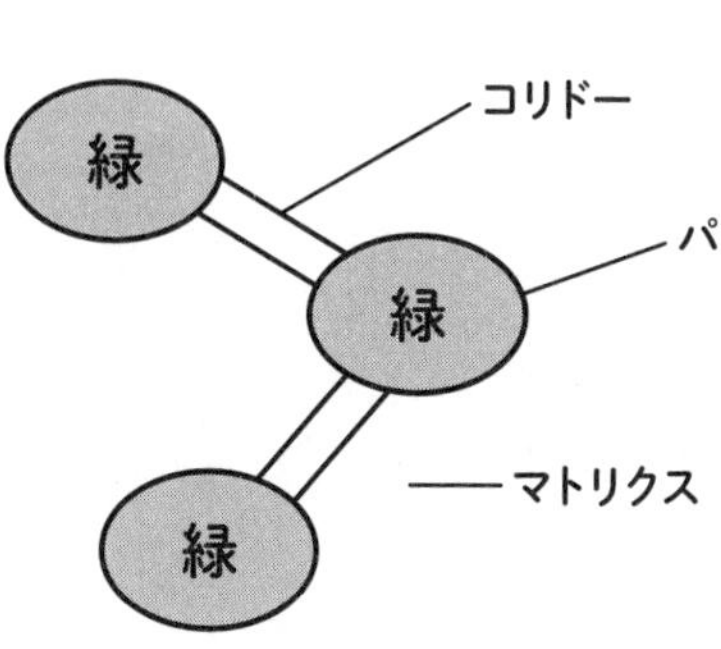

図　パッチ、コリドー、マトリクス

草がボーボーになって生えていて、どう見ても誰も管理していなさそうな畑を見たことはありませんか？　農家の後継者不足などから生まれた、このような畑についても考えていきます。

土地の利用計画に関する研究では、おもに畑の所有者がどんな行動を取ることが多いのかを調査していきます。使っていない畑を、所有者は売却するのか、はたまたそのまま保有し続けるのか、もし売却する人が多いのであれば、それに合わせて政策を打つことで畑を有効活用できるかもしれません。

現状その緑地がどう利用されているのかを調査した上で、今後の用途をどう制御していくか、ネクストアクションまで考えていくことが求められているのです。

次に、風景に関する研究ですが、風景というと「この風景は守るべきだ！」なんて主張を見たこと、聞いたことがあるという人もいるかもしれません。このようにいわれるのはなぜなのか、つまり「風景をなぜ守る必要があるのか」「風景の価値は誰が、いつ見出しているのか」「風景を守るためにはどうするべきか」ということを考えていきます。

例としてこの問いの一つを取り上げてみましょう。私たちが風景を守るためにはどうすればいいのでしょうか？　何かを守る時には、優先順位をつけることが大事です。なくなってしまったら風景を壊してしまうものは、優先的に守る必要がありますよね。その優先順位を考える上で大事なのがイメージマップという概念です。イメージマップとは、ある町の名前を聞いた時に思い浮かべる風景のことです。東京と言われたら東京タワーが思い浮かびますよね。東京タワーがなくなったら、東京の風景が一つなくなってしまうわけです。イメージマップの概念を使いながら、風景を守るために残すべきものを考えていくことで、風景を守り続けることができます。

大学生が学んでいること

緑地学を学ぶ大学生が出された課題の一つに、「卓越した自然が成立要件となった日本の都市に残された名所をとりあげ、その景観や空間構造の特徴、地形との関係性についてのべよ」というものがあります。この課題への、地元の日本三代庭園「後楽園」を題材にした岡山出身の大学生Nさんのレポートは次のようなものでした。

後楽園の特徴は、「曲水《きょくすい》」という園内を流れる全長640mの川で、後楽園のイメージマップの一つにも水が挙げられます。過去の後楽園を振り返ると、水田が存在していたことが明らかにされているのですが、実はこの水田の機能が後楽園の中核だったのではないか、という説が存在します。その根拠に、水田を作るためにわざわざ川の上流から真水を引いてきていたという証拠が挙げられています。というのも、岡山はもともと干拓地だったので、後楽園周辺の水は塩水だったのです。塩水では作物は育ちませんよね。真水である川の上流からわざわざ水を引いてきたということは、それだけ水田を作りたいという強い意志があったと推測される、というわけです。

しかし、逆にこの説は信憑性が低いという意見もあります。後楽園の規模でできる作物はそんなに多くないし、周辺の土地だって使えたはずだ、と。ここまでを踏まえて大学生Nさんが考えた説が、「後楽園を作った藩主池田綱政《つなまさ》が、農村風景に愛着を持っていたのではないか」というものです。綱政は、洪水や課税により深刻な財政状況に陥った藩の改革のため、財政再建と農村整備に取り組んだことで知られています。同時に、和歌や能楽、書画などにも通じ、文化人でもありました。そんな綱政が、何かの折に農村風景に価値を見出し、その一部を自身の庭園に再現しようとしたのではないか、と仮説を立てたのです。

この学問を学びたい人へ

緑地学で扱う景観や風景は誰にとっても身近なものです。身の回りの景色を、それが果たす機能や生態系などの観点を踏まえながら見ていくと、それまでとは違った発見があるはずです。自然が好きだという人にはおすすめの学問です。

獣医学

獣医学部・学科は「獣医」になるとは限らない!?

獣医学の特徴と医学部との違い

獣医学部・学科と聞くと、当然みんな「獣医師」になるだろうと思うのではないでしょうか。もちろん、医学部同様に健康な動物の体についてや、病気を引き起こすウイルスについても学びます。しかし、実は獣医学部・学科で学ぶ内容は、病気の動物を治すことに限りません。大学によってはむしろ、卒業後に動物病院で臨床獣医師として働く人の方が少ない場合すらあるのです。さらに、医学部との決定的な違いはその対象で、医学はヒトを扱い、獣医学は動物を扱いますが、それゆえに意外な違いが生じてくることがあります。獣医学について学べるのは、獣医学部という学部や、農学部などの中に設置されている獣医学科です。しかし、こうした学部学科を有している大学の数は日本ではまだ限られているのが現状です。

どんな分野？

獣医学と聞いて皆さんは何を思い浮かべますか？　多くの人は、イヌやネコなどのペットの病気を治してくれる獣医さんのことをイメージするのではないでしょうか。

獣医学では、もちろんそうしたペットの病気を治すために必要な知識・技能も扱います。しかし、実はそれだけではないのです。獣医学は、幅広い動物に関する医学であるとともに、さまざまな動物の生態などについても扱う、いわば動物全般の生物学です。よって、獣医学が対象とするのは、何も小型のペットに限りません。牛や馬などの大きな動物も、さらに言えば哺乳類に限らず鳥類や魚類、爬虫類もその研究対象となります。

また、動物に関するあらゆることを解き明かす目的は、ただ動物についての知見を深めたり、動物の病気を治したりすることだけではありません。動物の研究を通してわかったことは、私たち人間が生きていく上で必要となる公衆衛生にも活用されています。ここでいう公衆衛生とは、私たちが普段口にする食品の安全を確保したり、動物や人に感染する感染症への対策を打ったり、人間と共生する動物の福祉・生活を守ったりする取り組みです。例えば、鳥インフルエンザのように動物を介してヒトに伝染する感染症について、どうしたら人間への感染を防げるか、どうしたら家畜内部での感染拡大を食い止められるか、などを学んでいます。

どんな授業や研究をしている?

そんな獣医学で扱う内容は、大学によっても多少異なるものの、多くの場合は基礎・臨床・その他(公衆衛生など)の三つに分けることができます。

まず獣医学の基礎では、普段の動物の状態や治療の基礎となる知識について理解することが中心となります。特に重要なのが生理学・解剖学・薬理学の三本柱です。生理学ではホルモンなどの体を構成する要素の働き、薬理学では薬などの体内での作用、解剖学では動物の体の構造についてそれぞれ学びます。これらの科目には座学だけでなく実習もあり、実際に自分で体験することを通してより深く学べるようになっています。その他に感染症などについて学ぶ細菌学やウイルス学、体に異変が起こったときの反応について見る免疫学などがあります。

臨床では特定の病気について、そのメカニズムや治し方について学びます。これは、主に薬などを用いて病気を治そうとする内科と、手術などを用いて治そうとする外科に分かれています。

こうした基礎・臨床で学ぶ内容は、実は医学部とさほど変わりません。例えば獣医学では、「がん」について、そもそもがんとは何か、さまざまな種類のあるがんをどうやって見分けるのか、見分けた後で内科的手段と外科的手段のどちらを用いて治療するかといったことについて学びます。これは医学部でもほぼ同様です。

実際、獣医師がイヌやネコなどのペットに対して用いる薬の中には、人間にも使われているものがあります。ただし、当然ながら両者は違う種なので、薬の効き方が違ったり、動物に特有の禁忌《きんき》（やってはいけない医療行為、タブー）があったりするので、獣医学ではそこを意識して学ぶ必要があるのです。

また、実際に動物の病気を治療する場面では、医学的な禁忌以外の事情が働くこともあります。一例を挙げると、ペットの医療保険は人間の医療保険とは異なるため、場合によっては選択できる治療の幅が狭められてしまうことがあります。また、動物は人間と違って「今治療されている」ということを認識できないため、治療中おとなしく言うことを聞いてくれないこともあります。これらを踏まえると、やはり人間相手のやり方とは違う、動物特有の知見が求められることになるのです。

さらに、獣医学に特徴的なのが、公衆衛生分野です。食の安全や感染症の拡大防止を考えると、獣医学でやることはさらに複雑となります。

家畜用動物が病気になったときのことを考えてみましょう。普通の人間が病気になったときは、多くの場合人間が長生きすることを考えるので、その病気が治れば基本的には十分ですよね。一方家畜、特に食肉用の動物の場合、ゴールは長生きしてもらうことではなく人間が食べることです。すると、仮に投薬によって回復したとしても、その薬が体内に残って人間に害を与えてしまってはダメということになります。また、ニュースでよく話題になるような、感染拡大を防ぐために行われる殺処分などの対応も、ある意味動物特有ですよね（人間は隔離こそされても、感染症を理由に命を奪われることはないでしょう）。

大学生が学んでいること

ここからは、獣医学科で学ぶOさんが大学の研究室や動物病院での体験を通して感じたことをお伝えします。

Oさんは、もともと広く動物について勉強したいという思いで獣医学科を選んだそうです。特に、いわゆる獣医さん、つまり動物病院で働く臨床獣医師の他にも進路の選択肢があると知ってからは、必ずしも動物病院で働かなくてもいいと思っていたそうです。

しかし、臨床系の研究室に入ることになったOさんは、そこで動物の病気とその治し方について学ぶうちに、次第に臨床系獣医師に関心を寄せていきます。特に心を動かされるきっかけとなったのが、大学付属の動物病院に行ったことでした。

獣医学系の学部学科を有している大学の多くは、その中に大学病院も併設しています。獣医学系の先生たちは、現役の獣医師として大学病院で勤務したり、病院で実際の動物を相手にした研究を進めたりしながら、大学生の指導教育を行っているのです。Oさんは、まさに大学病院で診療・研究を行う臨床系の研究室に入ったため、動物病院にいく機会にも恵まれていました。病気になっているイヌやネコが病院で診療され治っていく過程を実際に見たことで、ペットの獣医師になりたいという思いが強まったとのことでした。

この学問を学びたい人へ

獣医学系の学部学科は、実習などを通して病院の実務を経験できるのが一つの大きなメリットでしょう。動物が好きな人、特に動物に直接関わりたいという思いがある人にとっては、貴重な経験になるはずです。

また、医学であることから学びの中心は医学的な話になりますが、最初にもお伝えしたとおり、その進路は何もペットの獣医師には限られません。臨床獣医師だけでも、家畜専門の獣医師や動物園で働く獣医師がいます。また、感染症の拡大防止や食肉検査に携わるのは公衆衛生獣医師という公務員です。他にも大学で病気や栄養、薬などについて研究をする研究職につくこともできます。幅広く動物に興味を持っている人なら、きっと獣医学を楽しめるはずです。

第9章 工学部

工学部は、さまざまな技術、材料を駆使した「ものづくり」について学ぶ学部です。

目に見えるものでいうと、ロボットなんかは想像しやすいかもしれませんね。他にも、私たちの生活に密接に関わってくるものも研究の対象です。例えば、生活の拠点となる家や、移動に欠かせない道路などが挙げられます。一つの都市全体を踏まえて、建物の配置や道路の交わり方などを考える学問も存在します。このような生活に関わるものづくりは、つくるものの大きさに応じて、建築学、都市工学、社会基盤学というような学問に分かれていきます。

また、ものづくりのためには、その材料を用意する必要があります。その材料自体を研究するのが、材料工学です。ものづくりに最適な材料を提案するだけでなく、新しい素材を使った材料を開発するなど、目に見えるものづくりの土台を担う学問だということができるでしょう。

さらに、工学部では目に見えないものを扱ったものづくりも存在します。例えば、コンピューターなどを扱う電子情報工学はその代表例だと言えるでしょう。近年では、AIに関する研究や、その技術を応用した社会課題の解決なども行われています。

ここでいうコンピューターとは、情報を0と1で表現して計算をする方法を採用したものです。この方法を用いたコンピューターがこれまでは一般的でした。しかし近年では、従来のコンピューターよりもさらに高速で計算をすることを可能とした量子コンピューターの研究が進められています。量子コンピューターはまだ実用化されておらず、実用化に向けた研究が日々行われています。

この章では、材料工学、都市工学、社会基盤学、電子情報工学、量子力学・物理工学という五つのトピックを紹介していきます！

材料工学

社会はコンクリートで成り立っている⁉

工学部は「ものづくり」の学部であり、その授業ではさまざまなものづくりについて学ぶことができます。その中の一つには、コンクリートを作る授業もあります。この授業では、発注者側から要求されている性能を満たすコンクリートを設計して、コンクリートをレシピから実際に作り、会社を模した学生グループ同士で入札シミュレーションまで行っていきます。今回は、コンクリート作りやそれに関する社会の動きを経験した大学生の学びを実況中継します。

どんな分野？

工学部では、ものづくりの方法だけでなく、ものづくりに使う材料についても研究が行われています。これは「材料工学」とよばれ、硬くて丈夫な材料や、手軽に形を変えられる材料など、よりよいものづくりを実現するための材料開発をはじめ、材料に関わることならなんでも学べる学問です。

例えば、車に使われている金属は鉄鉱石という石ころからできています。この石ころを他の物質と混ぜたり、溶かしたりすることで、強くて丈夫な素材を作り出しているわけですね。このように、素材そのままでは使いにくいものでも、その性質を理解して加工を施すことで、使いやすい材料にできるのです。

材料工学で扱われる分野は、大きく三つに分かれます。それが「金属材料」「無機材料」「有機材料」です。金属材料とは、流し台に使用されることの多いステンレスや、アルミホイルでお馴染みのアルミニウムなどの金属のことです。そして無機材料とは、陶磁器などに用いられるセラミックスやガラスなどです。最後に有機材料とは、プラスチックやゴム、繊維などです。

どんな授業や研究をしている？

この項では、さまざまな材料の中でも、道路や建物の建設に使われるコンクリートに注目します。コンクリートに関する研究は、「強くて長持ちするコンクリートを作る」ことがゴールになる場合が多いです。皆さんがよく使う道路を思い浮かべてみてください。ひびが割れていたり、穴が空いていたりする箇所はありませんか？　段差になってしまっていると、通るときに危ないですよね。とは言え、毎日使われる道路ですから、通行止めをして修復するのは簡単なことではありません。だからこそ、最初からひび割れや穴ができないような強いコンクリートを作ることが重要な研究になってきます。

実際にどんなコンクリートが開発されているかというと、「ひびを勝手に修復してくれるコンクリート」などがあります。勝手に修復してくれるって、まるで生き物みたいですよね。

そもそもコンクリートのひびができる理由から説明しましょう。コンクリートの中にはほぼ必ず鉄筋が入っています。建設中の建物が、鉄の骨組みだけの状態になっているのを見たことはありませんか？　あれが、いわゆる「鉄筋コンクリート」の中に入っている鉄筋です。鉄筋の周りにコンクリートを流し込んで固めるからこそ、コンクリートは丈夫さを保つことができています。しかし、鉄はどうしても錆びてしまいます。鉄は錆びると元々の体積よりも少しだけ大きくなるという性質があるため、そうなると周りを固めていたコンクリートが圧迫されて、ヒビが入ってしまうのです。

しかし、このようなひび割れを全て気にしていては、お金ばかりがかかってしまいます。そのため、このひびを勝手に修復してくれる素材として、「バクテリアを閉じ込めたコンクリート」も開発されているのです。バクテリアが水と反応して炭酸カルシウムという白い固体を発生させ、ひびを埋めるという仕組みになっています。他にも、野菜の粉を圧縮して作ったコンクリートなども開発されています。このような意外な新素材を発見することも、材料工学の醍醐味だといえるでしょう。

大学生が学んでいること

ものづくりの学部と言われるだけあって、工学部ではコンクリートを実際に作る授業も存在します。ここからは、大学生Pさんが授業で取り組んだコンクリート作りの一部始終をたどっていきます。

コンクリート作りは、どのようなコンクリートを作りたいかを決めるところから始まります。コンクリートの使用用途に応じて、強度と出来上がりまでの速さを調整していくのです。条件が決まったら早速作り始めたいところですが、まずやらなければならないことがあります。コンクリートは、セメントや水、骨材と呼ばれる石をどのくらいの比率で混ぜるのか、何分くらいそれらを練るのかによって強度が全く異なってきます。つまり、条件通りのコンクリートを作るためには、そのためのレシピが必要なのです。料理と同じことですね。とは言え、自分たちが決めた条件通りのコンクリートを作るレシピは手元にありません。そこで、既に発表された論文に掲載されているコンクリートのレシピを調べながら、目的に合ったレシピを作っていきます。

レシピが決まったら、やっとコンクリート作りに取り掛かっていきます。コンクリートの材料は多くの場合、セメント、水、細骨材《さいこつざい》、粗骨材《そこつざい》、化学薬品から成り立っています。コンクリートをハンバーグに例えるとすると、細骨材や粗骨材がひき肉、セメントと化学薬品がつなぎの卵といったところでしょう。これらを混ぜて液状にしてから練っていきます。この練る回数を増やすほど強度が高くなりやすい一方、練りすぎると時間がかかってしまいます。ハンバーグがよく練らないと材料が均一に混ざらず、うまくまとまらないのと同じことです。どのくらい練るのかについても、良い塩梅を見つけていかなければなりません。

こうしてコンクリートが出来上がったら、品質のチェックをしていきます。ここでは、品質をチェックするために行う主な実験を二つ紹介します。

一つは、大きな筒に生のコンクリートを入れて、その筒を上に抜くという方法です。べちゃっと下に広がりすぎても良くないですし、筒の形のまま固まっているのでもダメです。良い塩梅で形が崩れるのが一番理想的な硬さなのです。

もう一つは、同じく筒に入れた生コンクリートを一週間保存して固め、その固まったコンクリートに上から機械で圧力をかけてどこまで耐えられるかを見るという方法です。こちらの方が、強度を測る実験としてはイメージしやすいかもしれませんね。

このような実験を通して、条件通りのコンクリートが出来上がったら、コンクリート作りは終了です。

この学問を学びたい人へ

Pさんはコンクリート作りにおいて、「どんなに緻密《ちみつ》に計算しても、実際にやってみるとうまくいかないことが多かった」と言います。材料の開発においては、研究の過程で実際にやってみる必要があるということですね。机の上での計算だけではなく、実際に手を動かしながら研究を進めていきたい人にはおすすめの学問だと言えるでしょう。

都市工学

あなたならどんな空間を作る？　都市工学を元にしたリアル「マインクラフト」

都市工学という分野では、私たちが暮らす街や建物を対象とする研究の中でも、人と人とのつながりやコミュニケーションなどをメインに扱っていきます。何気なく暮らしていく日常生活の中にも、実は生活を豊かにするような工夫がされており、都市工学の考え方が応用されているのです。ここでは人とのつながりをテーマとして、実際の敷地を対象に空間を設計する課題に取り組んだ大学生の研究成果をお届けします。

どんな分野？

私たちが暮らす街や建物に注目し、自然とのバランスを考えながら「どうしたら生活が豊かになるのか」を考える学問、それが建築や都市工学、社会基盤学といったものです。

これらは扱う対象のスケールによって大まかに分類できます。例えば「建築」が考えることは一つの家の中に収まります。「扉の高さを10㎝だけ高くすれば、より通りやすくなるな」というようなことを考えていきます。次に、「都市工学」が考えるのは家よりも少し大きな単位で、団地や公園、それらを結ぶ道などです。そして「社会基盤学」では、主要道路や橋などのより大きなものについて考えていきます。その中でも今回は都市工学について紹介します。

皆さんは自分の街を歩いていて、道路や建物の位置について疑問に思ったことはありませんか？

「なんでこの場所にこんな道があるんだろう？」「なんでこの建物の横に公園があるんだろう？」そんな疑問の裏側には、生活が豊かになる街づくりを考える「都市工学」が隠れています。道路であれば、渋滞が起こりにくく、利用しやすい道路が設計されていることが多いです。また、公園などは、用途に応じて場所が決められていたりもします。誰でもすぐに利用できるようにしたければ、住宅街の真ん中にある方が便利ですよね。逆に、静かな場所でくつろげるような場所にするためには、住宅街からは少し離れたところの方がいいかもしれません。このように、街づくりに関わるさまざまなものについて考えていきます。

都市工学では他にも、限界集落をどうするかといった研究や、ある街の２０５０年の姿を想像しながら、それを実現するために必要なことを逆算して考えていく研究などがあります。

どんな授業や研究をしている？

都市工学を学ぶ大学生は、街づくりに関わるさまざまな知識を習得していくわけですが、よく使われる三つは以下の通りです。

まず一つ目は、「交通学」です。交通学では、安全、かつ快適な道路設計などが研究されています。例えば二股道路であれば、「どちらの道を選ぶことが多いか」などといったことを考えながら設計していきます。いつも渋滞している道、逆に車通りは多いのに全然渋滞していない道に心当たりはありませんか？　交通学を活用した設計が機能している道は、車通りが多くても渋滞しにくいのです。

二つ目は、「景観学」です。景観とは、目に映る景色や風景のことを言います。ある景観をどんなふうに表すのが良いのかを考えるのが景観学です。都市工学では自分たちが考えた計画を理想の風景を描いて説明することが多く、この時に景観学が役立ちます。

三つ目は、「人流の分析」です。人々の豊かな生活を実現するためには、そもそも人々がどんなふうに移動し、どんなふうに生活しているのかを知らなくてはなりませんよね。それを知る方法の一つが人流の分析です。この分析では、目的に合わせた方法でデータを収集していきます。データの種類には、「ＰＰ（プローブパーソン）」と「ＰＴ（パーソントリップ）」があります。ＰＰはＧＰＳから取得した人の移動に関するデータで、ソフトでその移動の様子を可視化していきます。使用するのがＧＰＳのデータなので、簡単にたくさんの人の正確な移動データが得られます。一方、ＰＴは一人一人にアンケートを取って取得したデータです。アンケート形式なのでデータを集めることが大変ですが、帰

図　景観の例（インタビューした大学生作成、以下記載のないものは出典同じ）

宅途中か通勤中かなどといった移動目的や、その手段までわかることが特徴です。

大学生が学んでいること

都市工学の第一歩は、まず自分の住んでいる街について調べることです。「住宅地がどんなふうに広がっていったか」「電車の駅が設置された当時の街の様子はどんなものだったのか」といったことを、年代ごとの地図を見比べながら分析していきます。このような作業を通じて、街づくりを考えるヒントを獲得していくことができます。

さらに発展すると、指定された場所の未来の姿を考えるという課題にも取り組んでいきます。大学生Qさんは、江東区の辰巳団地を題材に、2050年の理想の姿を考える課題に取り組みました。

この取り組みでは、まずチームを組んで実際に辰巳団地に出向き、実地調査をしていきます。次に、その団地について分析していくのですが、分析には大きく二つの方法があり

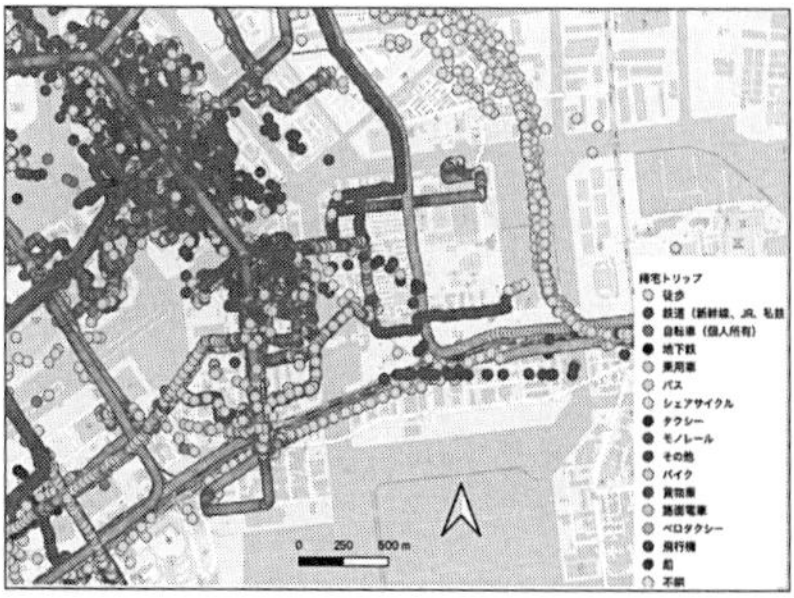

図　人流分析のデータの例

ます。一つは表現課題と呼ばれる、模型の作成やソフトの3D化など、調査したものを可視化するのがメインの課題です。もう一つは分析課題と呼ばれ、先ほど挙げたPP解析・PT分析や、交通学を活用した道路の渋滞シミュレーションがメインです。そして分析結果から、辰巳団地の良さや課題を考えていきます。

Qさんの班では、「辰巳団地から豊洲への通勤、通学が多い」「商店街は長年住んでいる住民の憩いの場である一方、新規参入者が馴染みにくい」「エレベーターが設置されていないため上層階が不便」といった点が挙げられました。それらをもとに、何度も実地調査やシミュレーションなどを繰り返しながら、辰巳団地の理想の姿を考えていきます。古くなっている団地を魅力的な場所にしたいと考え、最終的にはそのための提案を数枚のポスターにまとめました。先ほどの商店街の例では、買い物だけでなくて人々の安心を生み出す場所にもなっているため、落ち着いた雰囲気を保ちつつも、住民全体に開かれた空間になるよう設計することを提案しました。

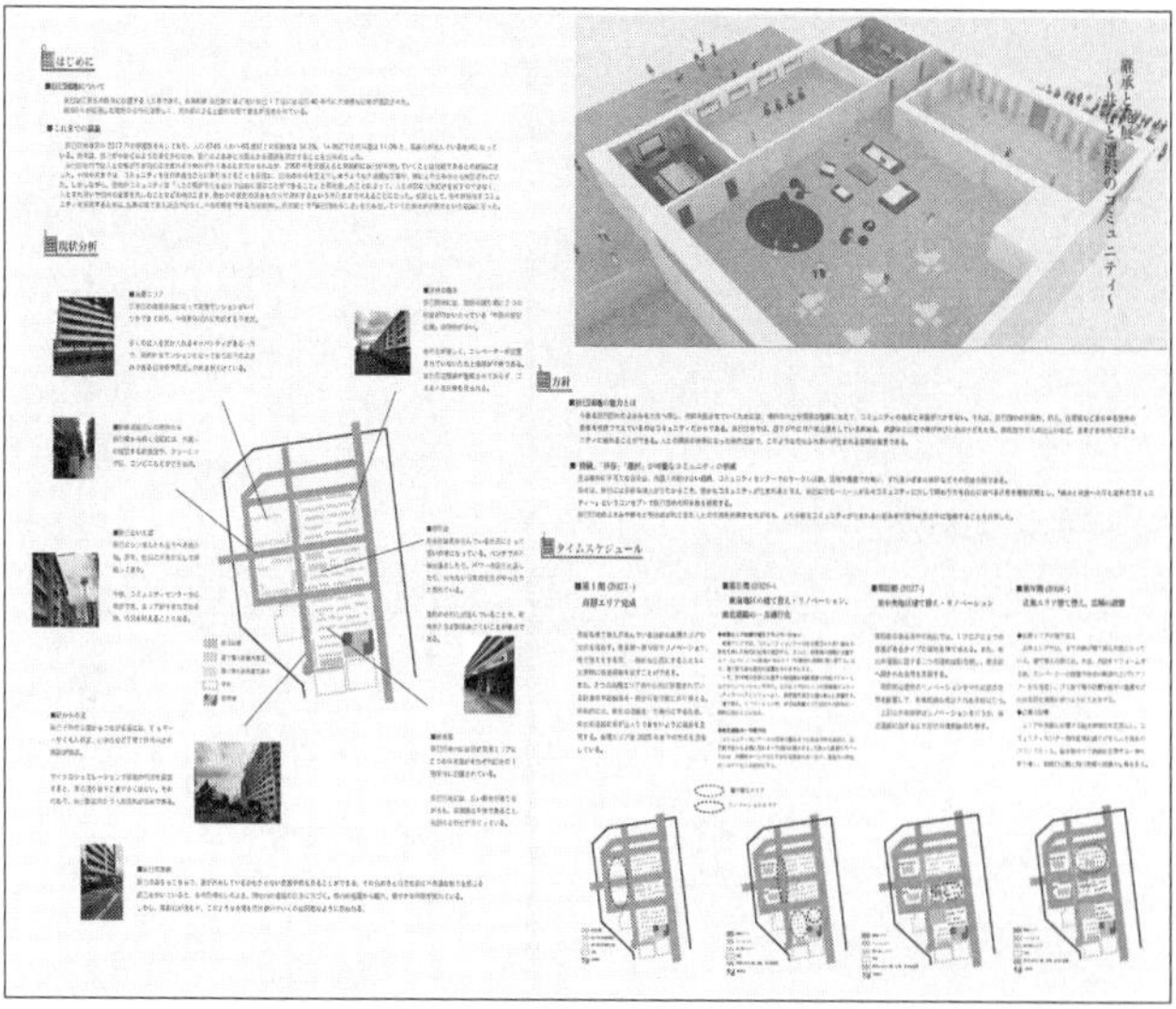

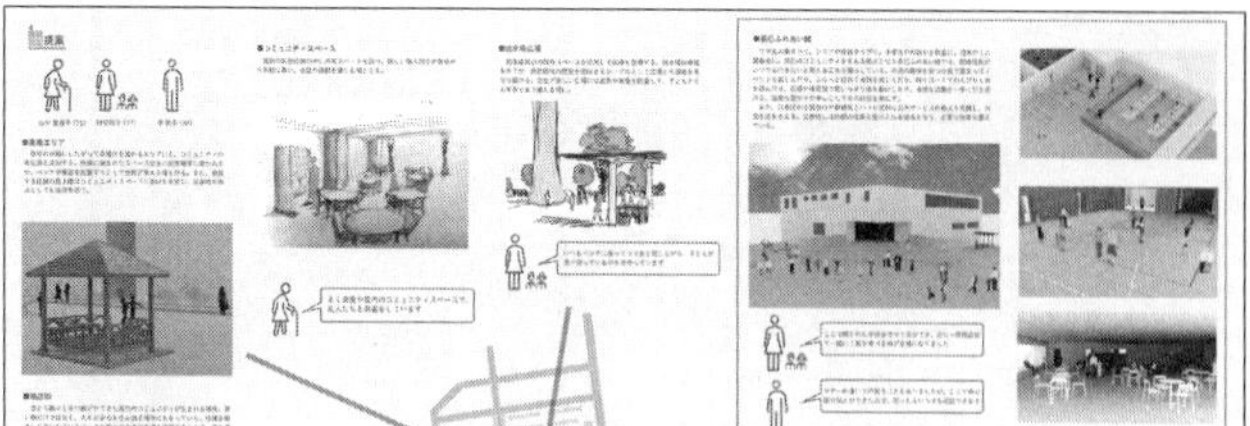

図　辰巳団地の理想の姿

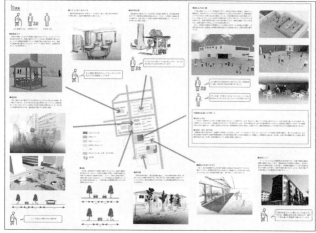

この学問を学びたい人へ

「生活を豊かにしたい」——都市工学は、そんなふうに人のために働きたいと思っている人にはぴったりの学問です。交通や景観、コミュニティ設計、防災といったインフラに関することならなんでも学べるからこそ、幅広く興味を持てる人はきっと楽しめるはずです。

社会基盤学

再生可能エネルギー100%の街を設計せよ！

水環境や生態系、都市問題、防災、地域や国土の計画、国際協力など、幅広いフィールドで私たちの日々の暮らしを支える学問が社会基盤学です。基礎的な知識を学んだあとは、実際の土地を対象に都市開発について考えたり、建設物の設計を考えたりしながら知識を深めていきます。今回は、社会基盤学の授業で出された「再生可能エネルギー100%の街を設計せよ」という課題に対して取り組んだ大学生の挑戦を紹介していきます。

どんな分野？

ものづくりの学部である工学部の中でも、特に「私たちの生活を支えるものづくり」を研究する学問が社会基盤学です。

私たちが日常でごく当たり前に使用しているものの一つに「橋」があります。人だけでなく車も通れる橋を見ていて、「どうして崩れないんだろうか」と思ったことはありませんか？　その理由は、社会基盤学を学んだ人たちが、「こうやって設計をすれば崩れない橋になるな」としっかりと計算して作ってくれているからです。

社会基盤学は、私たちの生活を支えるさまざまなものを作り、生活の基盤を作ってくれています。より具体的に説明すると、先に挙げた橋を始め、道路やトンネル、水道や電気設備などについて、「計画」「建設」「保全」を行っています。

道路を例に挙げてみましょう。「森を切り開いて道路を作りたい」と思ったときには、まず「どれくらいの車が通るか」などについて考えていきます。交通量が多いのであれば道幅は広い必要がありますよね。これが計画です。そして計画をもとに建設を進め、実際にその道路が使われ始めてからは、安全に走行できる道路かを定期的に確認する保全の作業をしていきます。

社会基盤学で扱われる研究内容は、私たちの生活に密着していることも多く、卒業論文の段階から実社会で役に立つような研究をしている大学生もいます。例えば、車にスマートフォンを取り付けて、GPSと画像データから道路状況を確認するという研究は、道路の保全作業を行う作業員の負担を減らすという面で社会に役立つ研究だと言えます。

どんな授業や研究をしている？

社会基盤学で学ぶ授業科目には、大きく分けて四つの分野があります。それが、計画系科目、構造力学、水理学、土質力学です。

計画系科目は、先に挙げた道路の例で交通量を測定したように、建設の前の段階について扱います。これから建設するものの理想の姿はどういったものかを考えていきます。

構造力学は、強度計算などを主に行います。例えば「この橋はこれくらいの強度を持っている」というようなことを、数字で明らかにしていきます。

水理学は、水道や河川、海岸などを主に扱います。海岸であれば波の大きさや強さを踏まえて、防波堤の設計をするときなどに用いられます。

土質力学は、建物の基礎に関する分野です。地震が起こると、地中の水が地面に染み出してくる液状化や、地面にポッカリ穴が開いてしまう地盤沈下などが起きる危険性がありますよね。それらを防止するために、建物を建てたい場所の土の硬さなどを踏まえながら、建物の基礎をどう作ればいいのかを考えていきます。

このような四つの分野の知識を広く習得しながら、その知識を活かして実験なども行っていきます。具体的にいうと、計画系科目の演習には「２０５０年の池袋駅のあるべき姿を提案せよ」というものがありました。実際に池袋駅に行って調査をし、そこから考えた「あるべき姿」を、手作りの模型や３Ｄソフトを使ったコンピューター上の模型で表現していきます。

このように個別のテーマを勉強した後、東京大学では夏にそれらの分野を横断して、知識を活用する演習が行われます。ここでは、「山中湖近くに仮想の街を作る」というテーマを、実際に山中湖に行った大学生の取り組みから見ていきます。

大学生が学んでいること

仮想の街を作るといっても、考えること、やることは山ほどあります。一人で都市計画を全て考えるのはかなり大変なので、この演習では班に分かれて役割分担をしながら計画を立てていきます。

演習では、仮想の街として設定された「ふく市」をどのような街にしたいのかというところから考えていきます。その結果、「人口増加・電力需要増加に対応する日本のモデルシティ」というテーマに決まりました。

Rさんの班では、電力供給という側面で街づくりを考えました。もし皆さんだったら、「これが日本のモデルシティだ！」と言えるような街を作るために、どんな発電設備を作りたいですか？　Rさんの班の場合は、自然の力からエネルギーを得る再生可能エネルギー100％の街とすることに決まりました。そのなかでもRさんは風力発電をメインに担当していきます。

風力発電について考えていくためには、大きく分けて三つのステップがあります。それがこちらです。

①風車をどこに設置するか
②風車の基盤をどのように作るか
③風車の大きさや構造をどのようなものにするか

一つずつ見ていきましょう。

「①風車をどこに設置するか」では、流体力学を使って、より多く発電できる風の強い場所を推定していきます。水で何かを洗うとき、水が流れているホースの口を指で摘んで狭くして、水の勢いを強くした経験はありませんか？　これは、同じ量の水を流す時に、流れる道の広さが広いほど流れが遅くなり、狭いほど流れが速くなるという原理の通りです。これと同じことが、水だけではなく空気についても言えます。こういった考え方を使いながら風の強さを計算していくのが①でやることです。計算の結果、山の尾根が一番適切だと分かりました。

「②風車の基盤をどのように作るか」では、風車が倒れないための基盤の作り方を考えていきます。この時に重要なのが地面の硬さです。豆腐の上に物を置くのと、石の上に物を置くのとでは、上に置いてあるものの傾きやすさは全然違いますよね。豆腐の上のものが安定しないように、軟らかい地面の上に建物を建設すると傾きやすくなってしまうのです。

地面の硬さを測定する方法は、約64kgのおもりを76cmの高さから落として、その下の杭にぶつけた時に、どれくらい地面に沈むかを計測するというものです。一回打ち付けただけで杭が沈んでしまったら、地面は軟らかいと言えます。逆に何回も打ち付けないと沈んでいかない場合は、地面が硬いと言えますよね。このような実験の簡易版を実際に山中湖周辺で行いながら、基盤の設計を進めていきました。

「③風車の大きさや構造をどのようなものにするか」は、風の強さに合った風車を作るための作業です。たくさん発電したい場合は風車のサイズを大きくする必要がありますが、その大きさに対して風が弱すぎては建設費が無駄になってしまいます。流体力学を使って、良い塩梅を探していきます。

また、風車の羽根の大きさも重要です。羽根が小さすぎると風で折れてしまうし、大きすぎると費用がかかってしまいますから、風で折れない最低限の大きさを計算していきます。

これらと同じようなことを他の発電方法でも考えた結果、Rさんの班では「ふく市全体で再生可能エネルギー100%にすることは不可能」という結論になりました。しかし、発電量などを踏まえた結果、一部の地区に限定すれば、再生可能エネルギーのみで電力をまかなえるということがわかりました。

この学問を学びたい人へ

社会基盤学では、街づくりの中でも数学的な計算を多く扱います。また、授業の内容も、模型を作るというより、実際に水や土、コンクリートに触れて実験をしていくことが多いのが特徴です。ものづくりに携わりたい人はもちろんのこと、数学や物理の知識を活用しながら議論をしたい人にはおすすめの学問です。

電子情報工学

信号の待ち時間を最適化せよ！ ＡＩを使った社会課題の解決

皆さんは普段、信号を待っていて「どうせ車が来ないのに、なんで赤信号で止まらないといけないんだ」と思ったことはないでしょうか。信号は普通、決まった時間周期で赤と青を切り替えています。しかし、もしここで信号の色変化を最適化できたら、人々の待ち時間が短くなってストレスは軽減するし、車の不要な待ち時間が減れば排気ガス削減にもつながります。これを達成すべく用いられるのがＡＩ（Artificial Intelligence、人工知能）です。ここでは、ＡＩにどうやって「最適化」をさせているか、大学生の研究実験を通して解説します。

どんな分野？

工学部は「ものづくり」の学部ですが、必ずしも目に見える「もの」を「つくって」いるとは限りません。今回は、まさに目に見えないものづくりとも言える電子情報工学を扱います。

電子情報工学は、電子技術の結集の一つであるコンピューターやさまざまな情報処理技術を総合的に扱っています。特に最近注目を集めているのが、AIに関する研究です。

AIについてはさまざまな学部・学科で研究が行われていますが、電子情報工学の特徴をあえて挙げるなら、AIそのものの理論や仕組みについて探究するというよりも、AIを応用して何かを生み出そうとする傾向が強いことだといえるでしょう。すでに多くの人に知られているものをAIを使って上手く分類しなおしたり、まだ知られていないことや将来のことを上手く予測したりという研究が比較的多いようです。このあたりは、さすが「ものづくり」の工学部と言えるかもしれません。

どんな授業や研究をしている？

知識を応用して社会に役立てようとする研究の一つに、ＡＩに信号を制御させて切替のタイミングを最適化し、歩行者や車が快適に信号を利用できるようにしようとするものがあります。なかでも今回紹介するのが、深層強化学習を用いて信号を制御しようとする研究です。

まず、深層強化学習とは、深層学習（ディープラーニング）と強化学習とを組み合わせた学習方法のことです。ディープラーニングとは、大まかに言えば情報を処理する階層を多く（深く）することで、正確かつ自律的な情報分析を可能にする手法です。そして強化学習とは、目指すべき目標や正解を設定した上で、それに近づいたら報酬を与えることで、より多くの報酬を獲得できるように学習させる手法のことです。これを組み合わせたのが、深層強化学習となります。

この深層強化学習を信号制御に使うと、どんなことが起こるのでしょうか？

まず、信号を制御する目的は明らかですよね。「人や車の待ち時間を減らすこと」です。しかし、この目的をどうやったら実現できるのか、私たち人間はまだ完璧な答えを持っていません。そこで活躍するのが深層強化学習です。ＡＩに「待ち時間を減らすこと」がゴールだと教え、ＡＩに信号制御のシミュレーションを何度も行わせると、ＡＩは報酬を得るために目的実現へと近づいていきます。こうしてＡＩが自律的に学んでいくことで、最適な制御方法にたどり着けるというわけです。ここでのＡＩの強みは人間のマネをしないことです。人間は信号制御の最適解を知らないため、人間をマネしても意味がありません。たくさんの試行錯誤を繰り返す中でＡＩが自律的に解を見つけ出してくれるほうが、人間にとってはむしろありがたいのです。

ただし、深層強化学習をするためには、一つ重要な条件があります。それは、試行錯誤を繰り返せることです。信号制御について試行錯誤を繰り返すためには、交差点とその利用者、信号を変えた場合のそれぞれの動きを仮想したシミュレータが必要になります。これがあるからこそ、ＡＩは「この状況で赤にしたら事故が起きる」「今青にしたら渋滞が解消できる」などの試行錯誤を通して学べるのです。幸い、信号制御においては、このようなシミュレータがすでにある程度出来上がっているので、深層強化学習を用いることができます。

大学生が学んでいること

大学生のSさんは、信号の中でも渋谷のスクランブル交差点に注目して、この制御を最適化する方法について研究を進めました。渋谷スクランブル交差点を選んだのは、多くの人に知られていて話題性があることに加え、交差点を利用する人間の数がとにかく多いことも決め手だったといいます。当時すでに存在した信号制御の研究には車だけを考えた研究が多かったため、人間と車が両方存在し、しかも人が多い環境で試してみると面白いのではないかと感じたそうです。

しかし、当時まだ人に着目した研究がそこまで多くなく、まして渋谷スクランブル交差点が扱われた例がないということは、渋谷スクランブル交差点そのものを表現したシミュレータも存在しないということです。それでも、先ほど簡単に説明した通り、深層強化学習を使うためにはシミュレータが不可欠です。そこでSさんたちのチームは、まずスクランブル交差点をシミュレータで作ることから始めました。

シミュレータは、机上であれこれ数式を操作するだけでは作れません。そこでSさんたちは、渋谷スクランブル交差点のライブ中継や統計資料を見て交通量を調べ、「これくらいの交通量にしたらシミュレータとして十分」と調整していったそうです。

この準備を終えてようやく登場するのが深層強化学習です。ゴールを歩行者と車両の待ち時間の合計を減らすことに設定して動かしてみたところ、当初の想定よりもいいペースで、待ち時間が減るという成果が出たとのことでした。

しかし、この結果を手放しで喜ぶことはできませんでした。深層強化学習により最適だと導き出された信号のパターンでは、車も歩行者も、信号が変わる間隔が極端に短くなってしまっていたのです。これはある意味当たり前のことで、信号が変わる間隔が短くなれば待ち時間も必然的に減ります。しかし、あまりに信号の切り替わりが早ければ、現実の人間はそれに追いつけませんよね。そこで、信号が切り替わる間隔の下限などを少しずつ調整しながら、さらに研究を進めていったとのことです。

また、シミュレータの中で信号が制御できたとしても、現実世界でそれを実現する仕組みがなければあまり意味がありません。そこでSさんたちは、今回の信号制御を実現するためにはどんな情報が必要かについても調べました。現実世界でＡＩによる信号制御を実現するには、信号にカメラなどをつけて、車両がどれくらいいるか、歩行者がどれくらい待っているかなどを計測する必要があります。もちろんあらゆる情報をできるだけ多く得られるのが理想ですが、カメラの性能などを考えると、それは非現実的ですよね。そこでSさんたちは、信号制御に必要な各要素を一つずつ外して、どれを外すとまずいか、どれは外してもいいか、ということを検証しました。その結果、車両待ち時間は最低限計測すべきだとわかったといいます。

ただ、ここまで研究を進めてきたSさんは、もっと色々なことを試せたと言っていました。さまざまな条件で実験を回すには手際の良さが必要で、そこに能力の差が出てくるところ、当時の自分たちはまだまだ未熟なところがあったとのことでした。

この取り組みの一端は、論文「深層強化学習によるスクランブル交差点の信号制御」(『人工知能学会全国大会論文集』第36回、2022年度)にまとめられています。

この学問を学びたい人へ

電子情報工学の魅力の一つは、やはり最初にも書いた通り、現実に起きる問題などに応用しようとする意識が強いことでしょう。応用する問題は、言ってしまえば何でも良いため、自分の興味に近いことをやりやすいといえます。まさに今回の、交差点の最適な制御などは、非常に身近な問題ですよね。他にも面白いところだと、麻雀などのゲームにＡＩを応用する研究も存在します。

また、いわゆる王道の「ものづくり」ができるのは、工学部全体に共通する魅力です。電子情報工学で扱えるのはなにもプログラミングのような、いわゆるソフトなことだけではありません。電子工作を含めた目に見えるものづくりに興味がある人にも、この分野はおすすめできます。

量子力学・物理工学

世界の「本質」に迫る！　量子力学の魅力と量子コンピューターのスゴさ

皆さんが高校までの物理で主に勉強する物理は「古典物理」と言われますが、大学ではこれまでの「古典」とは一線を画す物理学について学びます。それが「量子力学」です。量子力学は、私たち自身やその身の回りのあらゆるものを構成している非常に微細な粒子、「量子」を取り扱うものです。ミクロな世界を探究することで、私たちの世界の本質に迫っているといえましょう。この量子力学が役立つ一例として、量子コンピューターというものがあります。本項では、今までのコンピューターを遥かに上回りうる量子コンピューターの魅力と可能性をご紹介しましょう。

どんな分野？

今回の話の中心となるのが、量子力学です。量子力学とは、私たちの身の回りのあらゆるものを構成する非常に小さい粒子である量子の特殊な性質について研究する学問です。ミクロ（微視的）なスケールで物事を見ると、高校で習う古典物理学、ひいては私たちが普段思い描いている常識や直感に反する現象が起こっています。これが量子力学の難しさであり、醍醐味の一つでもあるともいえるでしょう。

もう少し具体的に、何が直感に反するのか説明します。ここで重要になるのが、「重ね合わせ」と「エンタングルメント（量子もつれ）」という現象です。まず重ね合わせとは、大まかに言えば、一つの量子において複数の状態が同時に存在して（重ね合わさって）おり、観測するまではどちらにも確定しない現象のことです。私たちの直感からすれば、一つのものが複数の状態で同時に存在するなんてありえない話ですよね。そしてエンタングルメントとは、重ね合わせ状態にある複数の量子が複数個あるときに、その中の一つを観測すると、他の量子もそれに影響されて瞬時に状態が確定することを言います。あるものの状態が別のものに瞬時に影響されて変わるというのも、なかなか直感では理解できないでしょう。この説明は非常に難しいので、今すぐに理解できなくてＯＫです。「そういうものなのか」と思っておいてください。

実際、これらの現象が成り立つかどうかについては、歴史上激しい論争が行われてきました。主な争点は、「複数の状態が同時に存在するのは、実は我々の観測能力が足りないからそう見えるだけで、もっと高い観測能力をもっていたらどちらかの状態であることがわかるのではないか？」という疑問に関するものです。かの有名なアインシュタインもこの論争に加わっています。これに決着をつけようと考えたのがイギリスのベル博士で、彼は「ベルの不等式」と呼ばれる式を考え出しました。この式を使うことで、量子もつれが本当に成り立つかどうかを、実験によって確かめられるようになったのです。最終的には１９８２年に行われた実験により、量子力学には矛盾がないことが明らかにされました。なお、ベルの不等式が破られていることを示したこの研究は、２０２２年にノーベル物理学賞を受賞しています。それほどの大発見だったわけですね。

どんな授業や研究をしている？

ただし、今回の主役はあくまで物理工学。ここでは、量子力学の基礎理論について学びつつ、それを応用した「ものづくり」について扱います。その一つが重ね合わせとエンタングルメントという量子力学の現象を計算に応用した量子コンピューターです。従来のコンピューター（古典コンピューター）は、情報を0か1の2通りで表す「ビット」を最小単位として計算します。一方、量子コンピューターは、0と1両方の状態を同時に有する重ね合わせ状態の「量子ビット」を使います。

重ね合わせを活用した量子コンピューターは、古典コンピューターと比較したときに、特定の計算をものすごく速くできるようになる可能性があると言われています。代表例が、すべての組み合わせを確認して、その中から条件を満たすものを探す「全探索」系の問題です。これは、複数の状態を持ったままでいられる重ね合わせの性質により、大量の計算を同時に試せるためです。古典的コンピューターなら2のx乗回の計算が必要になるところ、量子コンピューターならxの2乗回で済むとイメージすれば、なんとなくわかっていただけるでしょうか。

　しかし、ここまでその魅力についてお伝えしてきた量子コンピューターですが、まだ完全な実用化には至っていません。量子の性質をどうやって使えば計算を速くできるのかという理論的な問題や、非常に不安定な重ね合わせ状態をどうやって維持すればいいかという現実的（物理的）な問題など、実用化まではさまざまな壁があるのです。そこで「ものづくり」がメインの工学部では、その実用化に向けて、理論的な試行錯誤や実験による研究が進められています。

　不安定な重ね合わせ状態を維持するために考案・研究されている方法には、代表的なものがいくつかあります。その一つが超伝導という現象を用いたものです。超伝導とは、物質を超低温に冷却したときに、電気抵抗（電気の流れにくさ）が突然ゼロになる現象を言います。この超伝導状態にした電子回路を用いることで、重ね合わせ状態を維持しようというのです。

　他にも、光（光量子）を用いる方法の研究も進んでいます。光は非常に大きなエネルギーを持っているため常温でも安定しており、超低温まで冷却する必要がありません。これにより、冷却装置を必要とする超伝導の方式に比べ、小型化などが期待できます。光が全くない状態を用意して、光量子が移動するための環境を整えてやれば、量子の性質を生かしたコンピューターを作れる可能性があるのです。

学生が学んでいること

ここからは、光量子コンピューターの実現に向けた研究に携わっているTさんが、実際に大学でやっていることを紹介します。

Tさんがまず大変だと言っていたのが、「アライメント(Alignment)」という作業です。光量子を扱うためには、光の進む道を作ってあげて、光を自分たちの思い通りコントロールする必要があります。そのための作業が、光を反射するミラーなどの角度を微調整するアライメントです。

ただ鏡を少し触るだけなら簡単だと思うかもしれませんが、この作業では、文字通りミリ単位の調整が要求されます。場合によっては数時間立ちっぱなしでミラーの微調整を続けることもあるそうで、頭を使う前に肉体的に相当疲れてしまいそうですよね。

また、量子コンピューターによる計算を実現するためには、光を電気に変える必要があり、そのためには電子回路を使うことになります。この電子回路を自分たちではんだ付けするという電子工作的な作業もあるそうです。こう聞くと、理論的に難しい問題ばかりに見えた量子コンピューターに関する話にも、少し親近感が湧いてくるかもしれません。

Tさんは、量子コンピューターといっても魔法のようなものではなく、実現のためには機械工作や設計、電気など、普通の工学の精度を上げていくことが大切だと話していました。つまり、量子力学に関する理論的な理解だけでなく、技術的な精度も必要だということでしょう。

また、量子コンピューターの商業化が現実味を帯びてくると、さらに技術力が重要になるという話もありました。現時点の研究は、まだ量子コンピューターが実用化される前の、理論的可能性を探究する段階に過ぎません。なので今は手作業でミラーを操作したりしているわけです。しかし、商業化するところまでくれば、光ファイバーなどを使って光の通り道を作ることになります。すると今度は、そのファイバーをどれだけ高精度で作れるかなどが非常に重要になって、機械・回路・制御という、工学の三本柱が全て必要になるだろうと予想していました。

量子コンピューターの実現に向けて学ぶ大学生が、理論的な勉強だけでなく、体力的にきつい作業や繊細な工作もしていると聞くと意外かもしれません。

この学問を学びたい人へ

今回は、量子力学とその実用例としての量子コンピューターを中心にご案内しました。物理工学という枠組みの中で量子力学を扱う際には、純粋な理論についてひたすら探究するだけでは終わりません。量子力学を含む物理学と、それを応用する工学を両方学んでいるのです。

Tさんいわく、量子コンピューターの研究の面白さは、直感に反する量子力学的な現象を実験結果として目の当たりにし、現実のものだと感じられることだそうです。純粋な理論的探究では飽き足りない人には、物理工学が向いていると言えるでしょう。

第10章 理学部

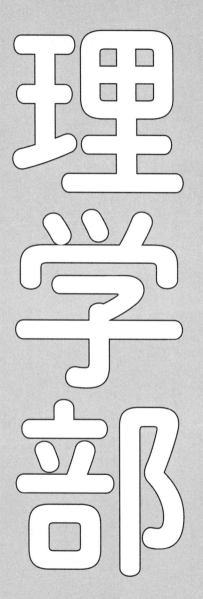

理学部とは、高校で学ぶような理科や数学についてより深く学び、世の中のさまざまな自然現象を理論的に解き明かす学部です。工学部がものづくりなどの「応用」の部分を研究することが多いのに対して、理学部ではその応用の前提である「基礎」の部分を研究することが多いです。どんなことに役に立つかはわからないけど、まだ解明されていない謎を解き明かそう！　ということですね。

理学部の専攻は、主に数学、物理学、化学、生物学、地学の五つの学問に分かれています。

数学では、さらに高度な数学の理論を学びます。理学部で学ぶ数学は、代数学・幾何学・解析学という三つの分野に分かれていて、代数学では方程式を解く、幾何学は図形を扱う、解析学では微分積分や極限などを扱うといったことが各分野の主な内容です。最終的には、まだ解けていない数学の難問を解くことが目的とされています。

物理学では、素粒子・原子核、物性、宇宙の、大きく分けて三つの分野が存在します。素粒子・原子核では、小さいものをより小さくして研究していき、物性では逆にそのような小さなものの集合が、どのような振る舞いをするかを研究していきます。宇宙では、惑星や宇宙の起源などについて研究しています。

化学は、高校までの学びに加えて、「ものづくり」の側面が強まります。新しい物質を作ったり、未知の物質の性質を調べたりしながら、化学の謎を解き明かしていきます。

生物学では、生物の細胞のような小さな視点から、生物の行動、系統などの大きな視点まで多様な視点から生物についてアプローチしていきます。似た内容を扱う農学部も、工学部と同じように技術を応用した生活の質の向上を目指しており、謎の解明を目的とする理学部の生物学とは一線を画します。

地学では、地球で起こる現象の仕組みや地球の歴史などを解き明かしていきます。

このように、それぞれの学問ごとに、地球上、あるいは宇宙上に残された謎を解き明かしているのです。

この章では、化学、素粒子・原子核物理学、統計力学、地球惑星科学という四つのトピックを紹介していきます！

化学

温度により色が変わる物質を作り出せ！

化学は物質を作り出す「ものづくり」の学問です。化学を学ぶ大学生は、ものづくりのためのさまざまな手法を学びます。そのうちの一つに、サーモクロミズム現象という温度により色が変化する現象を起こす物質を作り出す実験があります。実験では、レシピ通りにその物質を作り出した後、レシピを自分なりに少し変更して新しい物質を作り出し、その物質が呈《てい》する性質を調べていきます。今回は、その実験の様子を追体験してみましょう。

どんな分野？

化学というと、理科室で行う実験を思い浮かべる人も多いでしょう。高校まではさまざまな化学反応を学んでいきますが、大学からは「ものづくり」としての化学という側面が強くなっていきます。

高校までの理科の実験でも、薬品と薬品を混ぜて新しい物質を発生させたことがあると思います。このように実験を通じて物質を作ったり、また特定の物質の作り方を研究したり、さらにはその物質の性質を調べたりと、よりさまざまな薬品を使って行っていくのが大学生です。

化学の中でも、扱う分野は大きく分けて「有機化学」「無機化学」「物理化学」の三つに分けられます。

それぞれどんな内容を学ぶのかというと、まず有機化学では、主に炭素が関わる物質をメインに扱っていきます。こうした物質は生き物に関係したものが多く、治療に使われる薬の成分についての研究は、まさに有機化学の分野の研究です。また、生き物以外にも高分子化合物というものも扱います。これは似た構造が何回も繰り返し結合した物質のことで、例えばペットボトルも実は高分子化合物なんです。

次に、無機化学では有機化学とは逆に、主に炭素が関わらない物質をメインに扱っていきます。これには金属などが当てはまりますね。電池や材料などの工業製品の開発に関わってくる研究が多い分野です。

ただし、有機化学と無機化学の境界線ははっきりしているわけではありません。あくまで一つの区切り方として覚えておいてくださいね。

そして最後に、三つ目の物理化学は、間接的にものづくりを支える分野です。物理という言葉が入っている通り、物理学の知識を使って化学的な現象を解き明かしていく分野で、コンピューターを使って研究を進めていくことが多いです。

この分野がどんなふうに役に立つかというと、もし仮に新しい物質を作りたいとしましょう。その物質の性質がコンピューターの計算で事前にわかっていれば、予測を立てながら実際に実験で物質を作っていくことができます。実験は手間もお金もかかるものです。なので目的の物質について何もわからない状態から実験を始めるよりも、ある程度わかった状態から始めた方が、ずっと効率的ですよね。

このようにして、いろいろな側面からものづくりにアプローチしていくのが大学で学ぶ化学です。

どんな授業や研究をしている？

原子は、電子を失って電荷を帯びるようになると、イオンと呼ばれるものに変化します。水の中にイオンが存在しているとき、電子を失う数によって水溶液の色が変化するイオンがあり、同じ鉄のイオンでも、淡緑《たんりょくしょく》色になったり、黄褐色《おうかっしょく》になったりします。

高校の化学ではこのような物質の色を覚えていくわけですが、大学では「なぜその色に変化するのか？」というところまで詳しく学んでいきます。

今回は、色の変化を扱う分野の中でもサーモクロミズムという現象に着目します。サーモクロミズムとは、温度により物質の構造が変わることで色が変化する現象のことを言います。サーモクロミズムには、「元の状態に戻すことができる」という意味の「可逆性」という性質があります。温度が上がって色が変わったとしても、もう一度温度を下げれば元の色に戻すことができるということですね。

この現象は、実は私たちの身近なものにも応用されています。こすると消えるボールペン「フリクション」はその代表例でしょう。これは、紙に書いたインクをペンについたラバーで擦ることで消すことができるペンですが、このインクにはサーモクロミズムを起こす物質が使われています。つまり、ラバーでこすったときの摩擦熱でインクの色が透明になり、インクが消えたように見えるのです。先ほど、サーモクロミズムには可逆性があると言いましたね。フリクションのインクも、文字を書いて消した紙を冷蔵庫に入れておけばインクの色が元通りになります。

大学生が学んでいること

ここからは、大学生が実際にサーモクロミズムを起こす物質を作る実験を見ていきます。サーモクロミズムを起こす物質の一つには、金属錯体という分子の種類があります。金属錯体は、金属イオンの周りを、配位子と呼ばれるものが取り囲んでいるという構造をしています。今回は金属イオンに塩化銅由来の銅イオン、配位子に塩化ジエチルアンモニウム由来の塩化物イオンをそれぞれ使用していきます。

手順はとても簡単で、この二つの物質を試験管の中でアルコールに溶かし、混ぜ合わせていくだけです。そうすると、塩化ジエチルアンモニウムの一部が塩化物イオンとなって取れ、この塩化物イオンが塩化銅から生じた銅のイオンと結合して、サーモクロミズムを起こす金属錯体になるのです。

混ぜ合わせることができたら、試験管をそのままクーラーボックスで冷やしていきます。すると、試験管内に金属錯体の結晶が出てきます。

ここまできたら、この物質が本当にサーモクロミズムを起こすかどうかを確かめます。実験では、ドライヤーを用いて温度を上げていくのです。すると、ドライヤーで熱を当てることで緑色から黄色になったため、発生したのがサーモクロミズムを起こす物質だということが確認できました。

さらに応用として、実験の手順は変えず、使う材料だけを変えて作った物質がサーモクロミズムを起こす物質かどうかも調べていきます。そうすることで、どんな特徴を持つ物質がサーモクロミズムを起こすのかを探っていくのです。

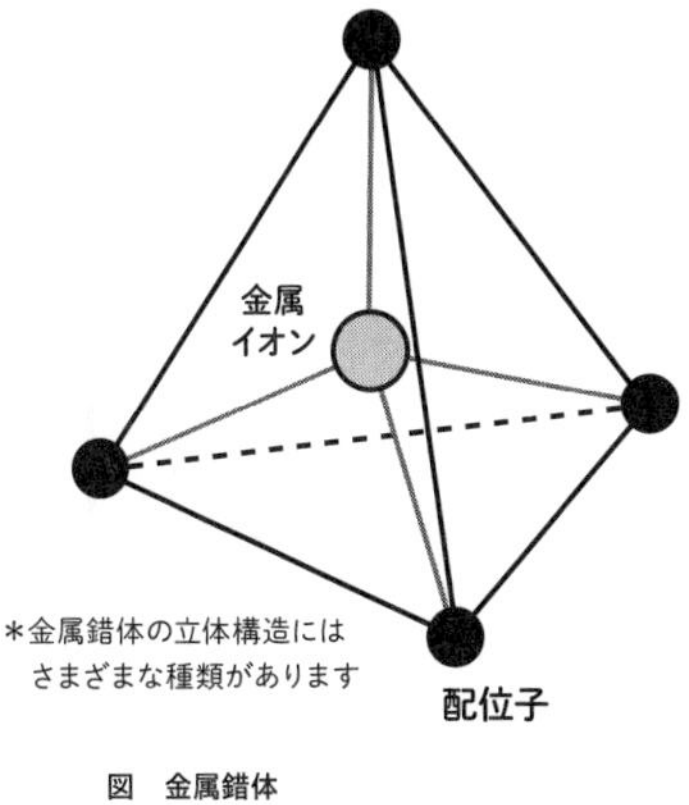

図　金属錯体

この学問を学びたい人へ

「どうしてこのような化学変化が起こるのか」を考えていくことは、まだわかっていない謎を解き明かす基礎研究でもありますが、それがわかることで「こんな化学変化も起こせるのではないか」という発見にもつながります。その発見は、さらに新しいものづくりにも応用することができます。

このようにして、まだわかっていない謎を解き明かしつつ、同時に、社会に役に立つものづくりにもつなげていけるのが、化学の魅力だと言えるでしょう。

素粒子・原子核物理学

原子がわかれば宇宙がわかる!?

宇宙の始まり、ビッグバン。そしてその宇宙を構成する「ダークマター」「ダークエネルギー」。広大な宇宙には多くの謎が残っています。そんな謎を解き明かすべく、世界の最小単位である素粒子や原子の研究が日夜行われています。今回は、理学部で原子の研究をする大学生が、宇宙の謎に近づくための第一歩となる実験で、自らが行っていること、そしてそれがどう次につながっていくのかを紹介していきます。

どんな分野？

大学で学ぶ物理に、素粒子・原子核、物性、宇宙と、大きく分けて三つの分野が存在することは本章の冒頭で述べた通りですが、今回のテーマはその中でも素粒子・原子核です。

そもそも、素粒子や原子核とは一体どのようなものなのでしょうか？　大きなものから少しずつ小さくしてみていきましょう。まず、この世の中に存在する物質の多くは、「分子」で構成されています。空気中にある酸素や二酸化炭素も分子の一種ですね。そしてこの分子は、「原子」が集まってできたものです。二酸化炭素H_2Oを構成するHやOが原子にあたります。さらに、この原子は原子核と電子に

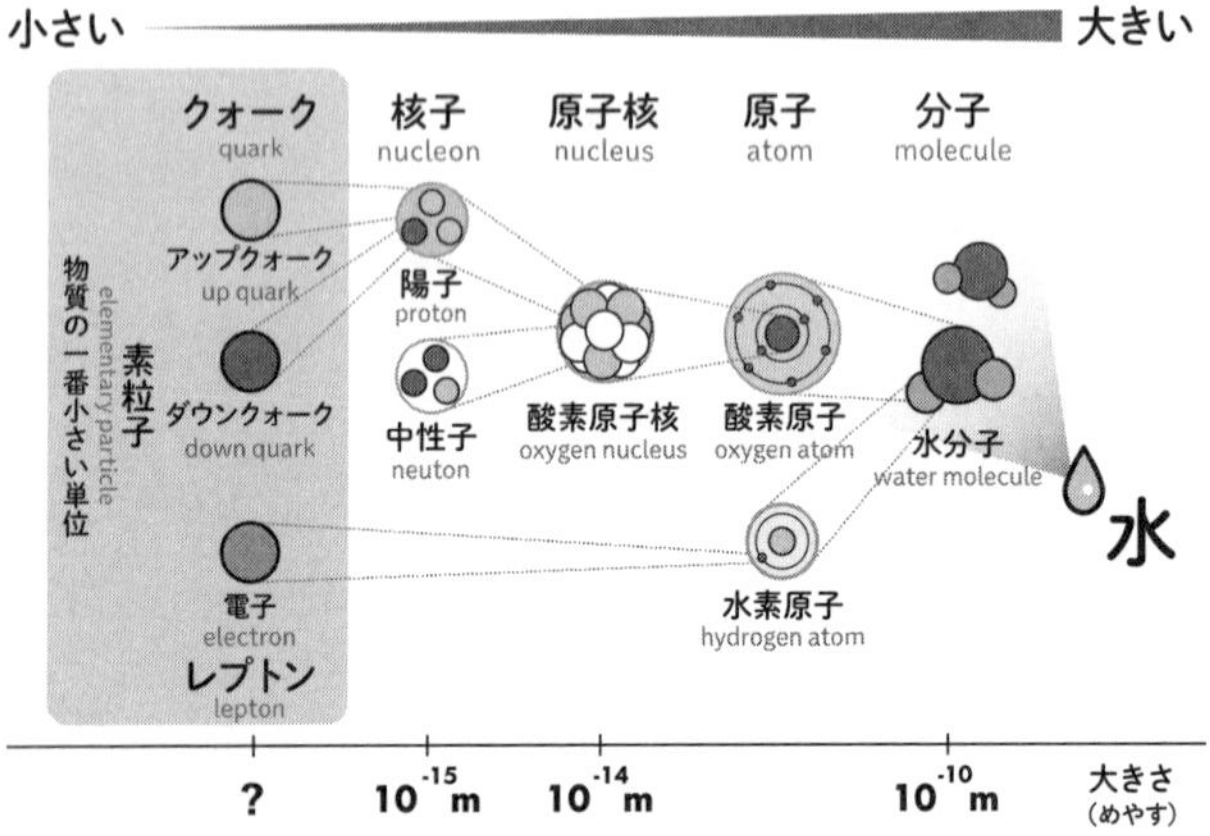

図　物質の構成単位

分けることができます。ここでやっと、「原子核」という言葉が出てきましたね。原子核は陽子や中性子から構成されていて、それをさらに分解するとクォークというものが出てきます。このクォークや電子はこれ以上分けられないものなので、これらをまとめて「素粒子」と呼びます。

このように、原子核や素粒子など、この世の物質を構成するすごく小さな単位を研究していくのが、素粒子・原子核分野というわけです。

そんな小さなところまで研究して何につながるのかと思った方もいるかもしれません。しかし、先ほども説明した通り、世の中にある物質は、原子核や素粒子が集まって成り立っています。原子核や素粒子といった小さな要素の一つ一つを研究して、その謎を解き明かすことで、それらが集まった物質全体のことがわかるのではないかと考えているのです。つまりは、世の中のさまざまな物質がもっている性質の謎を解き明かすことにつながるのです。

素粒子・原子核では、加速器と呼ばれる実験装置が研究に使用されることが多いです。これは粒子同士を高速で運動させてぶつけるための装置です。ぶつかった時に二つのものがくっついて新しいものができたり、壊れてより小さなものが出てきたりというような現象が起こります。こうした実験を繰り返す中で新しい粒子を発見したり、粒子の質量を分析したりする試みがされているのです。

２００４年には日本で新しく、１１３番目の元素「ニホニウム」の合成に成功しました。これは加速器を用いて、83番目の元素ビスマス（Bi）に、30番目の元素の亜鉛（Zn）を高速で衝突させることでできる元素です。

どんな授業や研究をしている？

ここからは、素粒子研究が宇宙の研究につながる例を示したいと思います。

理科の授業で習った方も多いかと思いますが、宇宙には銀河系というものが存在します。銀河系の中には、恒星という種類の星が無数に存在しており、太陽もこの恒星のうちの一つです。その恒星の周りを惑星がぐるぐると回っていて、太陽であれば、水星、金星、地球、火星、木星、土星、天王星、海王星という惑星が回っています。そしてこのまとまりを太陽系と呼ぶわけです。さらに、太陽系などの恒星を中心としたまとまりは、銀河系の中心の周りをぐるぐると回っているという構造になっています。

恒星や惑星がぐるぐると回るこの回転のことを公転と言います。公転を実現しているのが、物と物とが引き合う力、万有引力です。つまり惑星は恒星に引き寄せられ、恒星は銀河の中心や周りの恒星に引き寄せられることによって、宇宙の彼方に飛んでいかずにぐるぐると公転を続けられるのです。

しかし、この公転を詳しく調べると、特に銀河系のような大きなスケールでは、公転の速さの説明がつかないことがわかりました。今見えている星や物質だけで発生する万有引力では、今の速度で回り続けることはできないのです。これを説明するために、いまだ発見されていない物質が、必ず、しかも大量に存在するはずだと考えられています。その物質をダークマターやダークエネルギーといいます。これらが一体何なのかは物理学者や天文学者を悩ませる大きな謎として残されているのですが、より小さな単位の素粒子を探すことで、このダークエネルギーやダークマターを構成するものが見つ

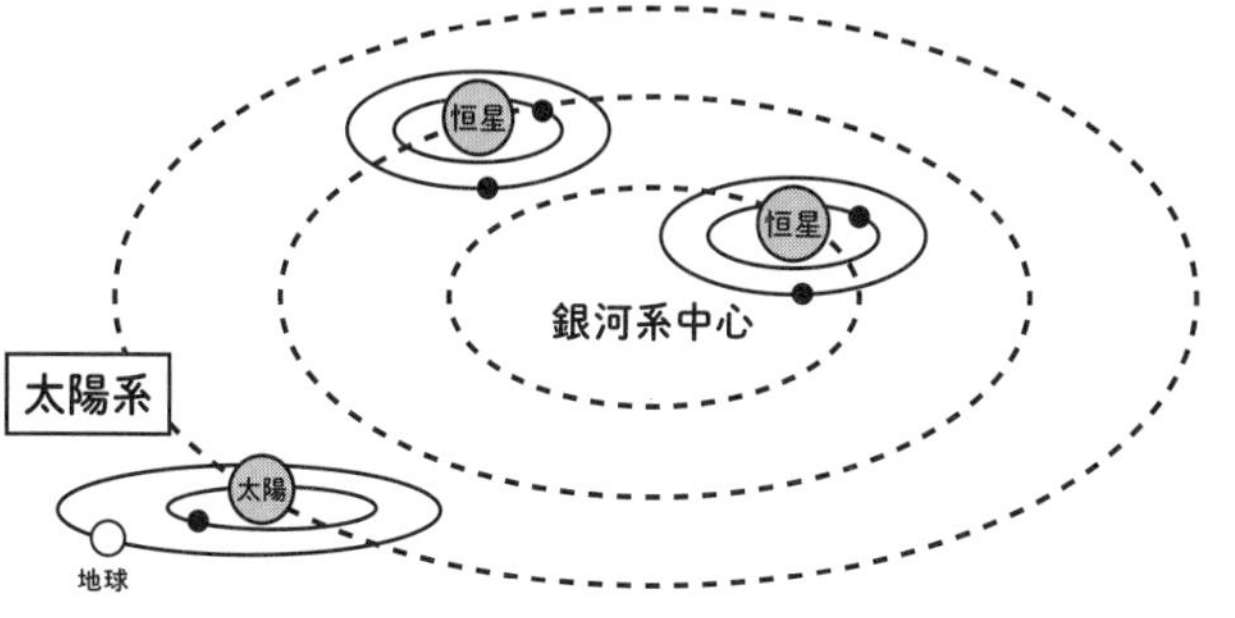

図　銀河系

かるかもしれないと期待されています。

他にも、宇宙にある「中性子星」というものも多くの謎に包まれています。この星は、文字通り中性子からできている星のことです。中性子は原子核を構成する要素の一つでしたね。中性子星の謎を解くためには中性子のことがわからないといけないので、原子核を用いた中性子の詳細な研究が進められています。

大学生が学んでいること

素粒子・原子核の実験では加速器を用いることが多いというお話をしましたが、大学生もこの加速器を使った実験に参加することがあります。ここからはその実験の手順と、実際に大学生が行っていることを見ていきます。

加速器を用いた実験と一口にいっても、何と何を、どれくらいのスピードでぶつけるのかによって種類はさまざまです。今回ご紹介する実験は一般に原子核散乱実験と呼ばれるものです。理科で習う周期表を思い浮かべていただくと、原子は順番が後ろになるにつれ質量が大きくなっていくという性質があります。今回の実験では、74番目の元素タングステン（W）などの重い原子核に、α粒子と呼ばれる放射線の一種をぶつけていきます。ぶつけた結果何が出てくるか、というのが今回の実験のミソになります。

先ほど、ぶつかったものはくっついて一つになったりもするし、砕けてより小さなものにもなったりするというお話をしました。α粒子がぶつかった直後の原子核はとても不安定な状態で、すぐに崩壊していってしまうことが多いです。例えば、沸騰させて多くの熱エネルギーを持った熱湯も、放置しておくとそのエネルギーが逃げて常温の水になっていきますよね。それと同じことで、高速でぶつかって大きなエネルギーを持った状態になった原子核は、そのエネルギーをすぐに放出しないと落ち着かないのです。なので、ぶつかって出てきた原子核をそのまま観測することは難しいのです。

それでは、どのように観測をすればいいのでしょうか。実は、できた粒子は崩壊していく時に、ガンマ線と呼ばれる放射線を放出します。このガンマ線を検出することで、ぶつけて出てきた粒子の姿を推定することができるのです。

この実験の中で大学生が取り組むのは、ガンマ線を検出するための「検出器」を作ること、そして検出したデータから元の粒子の姿を解析することです。検出器の仕組みにはさまざまな種類があります。その一つのメカニズムをここでご説明しましょう。電気を持った粒子が通過すると光を出す物質があります。そこで、検出器で光を集められるようにして、粒子が検出器に入ってきた時にどれくらい光が集められたのかを計測することで、粒子が持つエネルギーや飛んできた時間を知ることができるのです。他にも、軌道に関するデータを集める検出器、速度に関するデータを集める検出器など、集めたいデータごとに検出器を作っていきます。

検出器でデータを集めることができたら、次は解析に入っていきます。解析とは与えられたデータを使って、論理的に正しい結論を導き出すことです。解析をするためのプログラムを自身で組み、元の姿を推定していくのです。元の姿を正確に知るためには、それを構成するための検出器のデータを非常に高い精度で決定する必要があります。この精度を実現するために、検出器自体の性能を良くしたり、データをたくさん集めることで誤差を減らしたりといった、

図　ガンマ線のエネルギーと検出位置を高分解能で検出する18台のゲルマニウム検出器「GRAPE」。理化学研究所 RIBF で稼働中。

気合のいる解析を進めることになります。

大学院生や研究者になると、複数の検出器から得られたデータを総合して解析したり、より大きな実験施設で実験をするようになっていきます。

この学問を学びたい人へ

「りんごが木から落ちるのは重力によるもの」というように、世の中にはさまざまな原理原則があります。工学部ではこの原理原則を応用して新しい技術や機械を作ることが多いのに対して、理学部では原理原則を突き詰めて、新しい原理原則を発見することが多いと言えます。新しい原理原則を見出すことに魅力を感じる人にはおすすめの学問です。

統計力学

人混みを歩く時にどんなことを考えている？　群れの性質を解明する

理学部で扱う物理の中でも、近年注目されているホットトピックに、「アクティブマター物理学」というものがあります。これは群れで動く集団について研究する学問分野で、微生物や魚、ペンギンなどさまざまな生き物を対象に研究が進められています。この項では、そんなアクティブマター物理学に魅せられた大学生が、微生物を培養し、群れで動く際の様子を観察するまでの一部始終を取り上げます。

どんな分野？

アクティブマター物理学の話を始める前に、まず先に「統計力学」の話をしましょう。突然ですが、水分子を思い浮かべてみてください。小さな水分子がたくさん集まると、氷や水、水蒸気などになります。この三つの状態を「相」と呼び、温度を変えることで相が変化する「相転移」という現象が起きます。このように、一個一個の小さな粒々自体は単純な構造をしているけれど、それがたくさん集まった時にいろんな様子を見せる、その様子を研究する分野を「統計力学」と言います。

統計力学には、「平衡状態」を扱うものと、「非平衡状態」を扱うものが存在しています。そもそも平衡とはどういうことかというと、熱湯をコップの中に放置しておくと一定の温度になり、それ以上変化しない、安定した状態になるのが平衡です。このような安定した状態を平衡状態と言うのに対し、逆に平衡状態に達していない状態を非平衡状態と言います。

統計力学では、平衡状態についての研究はかなり進んでいますが、非平衡状態についてはは謎が多く残されています。そしてこの非平衡状態に関する研究の中の一つがアクティブマター物理学なのです。

アクティブマター物理学は、一言で言えば「群れ」の性質を調べる物理学です。研究対象には微生物の集団などが挙げられます。

微生物が群れをなして動いているとき、全部がピタッと動きを止めることはありません。いつまで経っても安定せず動き続けており、常にエネルギーを消費しているので、群れは非平衡状態になっています。ちなみに、この微生物が全て死んだのであれば、止まってしまってエネルギーを消費しないわけですから、平衡状態になったと言えます。微生物の他にも、南極のペンギンや羊の群れを対象にした研究もあるそうです。

このような群れの研究が何の役に立つかというと、例えば私たちが日常的に使用する道の設計に活かすことができます。多くの人がごった返す駅を思い浮かべてみてください。みんながバラバラの方向に向かっているわけですから、そのままではかなり動きづらい状況だと思います。そこで、右側通行に揃えたり、道の広さを変えてみたり、道が交わるときの角度に工夫を加えたりして、動きやすい道を設計していきたいですよね。その際に、アクティブマター物理学で人が群れになった時の動き方を考えることで、人が多くても動きやすい駅構内を設計することができるのです。他にも、生き物の群れを制御することで、効率的な漁獲や羊の群れの移動が可能になるかもしれません。

どんな授業や研究をしている？

ここからは、アクティブマター物理学の起点となった代表的なモデルと、現在発見されている群れの性質の一つを見ていきます。

まず一つ目が、「ヴィチェックモデル」というものです。

ヴィチェックモデルとは、一つ一つの粒子が自分の進む向きを持っていて、近くの粒子同士が同じ方向を向こうとするときのモデルです。鳥の群れを想像してみてください。空を見ると、鳥が綺麗に隊列を組んで飛んでいたりしますよね。これは、鳥にリーダーがいて、その鳥が指示を出してこのように飛んでいるというわけではありません。

このような状況でなぜ綺麗な隊列が組めるかというと、一羽一羽がそれぞれ、近くの鳥が向いている方向を向こうとするため、全体として同じ方向を向くことができるのです。

このようなヴィチェックモデルには、全体の向きが揃うか、完全にばらつくかを決定する変数が二つほど存在します。それは密度とノイズです。

密度が高くなると、一粒一粒が同じ方向を向こうとする相互作用が強まって、全体が同じ方向を向くようになります。密度が低くなれば、その逆のことが起きます。

また、ノイズとは全体の方向がばらつく原因を指します。何の集団かによってノイズの種類は変わってきますが、例えば温度もノイズのうちの一つです。

二つ目が「アクティブ乱流」です。

アクティブ乱流は、大腸菌などの細長い形をしたバクテリアが高密度で群れたときに、ぐにゃぐにゃと動き回り続ける様子を指します。実はこのバクテリアも、先ほどの例で挙げた鳥と同じく、近くのバクテリアと同じ方向を向こうとする性質があります。それだけ聞いたら、みんな同じ方向に向かって泳いでいそうだと思いますが、鳥のように綺麗な隊列にはならずにぐにゃぐにゃと動き回るようになるので、アクティブ乱流と呼ばれています。

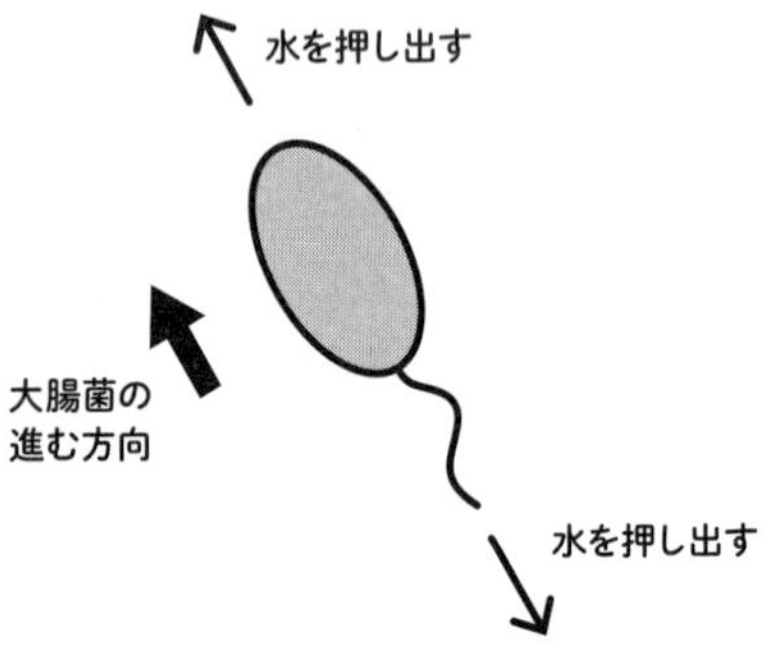

図　バクテリアの泳ぎ方

なぜこのような動きが生まれるかというと、バクテリアの泳ぎ方にポイントがあります。バクテリアには鞭毛《べんもう》という触角のようなものが生えています。そしてバクテリアが移動するときには、この鞭毛を使って後ろに水を押し出して推進力を得て、前に進む勢いで前にあった水をさらに押し出して進みます。つまり、進行方向の前と後ろに水を押し出していることになりますね。そんなふうに泳いでいる彼らが、縦並びになったらどうでしょうか。お互いに水を押し出しているため、押し相撲のように不安定な状態になってしまいます。このような不安定な状態を回避しようとした結果、アクティブ乱流が起こるのです。

大学生が学んでいること

先ほど高密度なバクテリアの群れではアクティブ乱流が観測できると述べました。それでは、このような群れ特有の現象は他の生物にもあるのでしょうか？　そこに疑問を抱いた大学生Uさんは、大腸菌のようなバクテリアとは異なった泳ぎ方をする微生物を使って、その微生物の集団運動を研究しているようです。

群れの様子を観察するためには、まずその微生物をたくさん育てなければなりません。

そこで、容器の中で栄養素などを整えて良い環境を作り、微生物を培養していきます。

ここで復習すると、アクティブ乱流は高密度の群れの時に起こる現象でした。ですので、今回の研究で観察するときにも高密度に群れている状態にしたいわけです。しかし、容器で培養したそのままの状態では、微生物の密度はあまり高くありません。そこで、遠心分離機という機械にかけて高速でぐるぐる回し、一方向に寄せて密度を高くしていきます。こうして密度が高くなった部分を取り出し、微生物集団を顕微鏡で観察していきます。観察の際には、その様子を写真や動画で撮ったりして、その写真や動画を解析することで研究を進めていくのです。

新しい微生物の集団運動を観察すべく、Uさんは今も研究を続けています。

この学問を学びたい人へ

統計力学は小さなものがたくさん集まったときに起こる面白い現象を研究する学問で、物質が固体、液体、気体と姿を変える現象なども統計力学では扱うことができます。群れの動きやその性質をとことん研究していくことができる点が魅力の一つです。

また、アクティブマター物理学では、微生物や菌に限らず、南極のペンギンやムクドリ、羊など、さまざまな生き物を使った研究が行われています。生き物で実験を行うことができるため、物理学を学びたい、でも生き物が好き！ という人にはおすすめの分野です。

地球惑星科学

宇宙って、惑星ってどんな場所？　塵から推測する宇宙の歴史

さまざまな自然現象を解き明かす理学部の中でも、特に地球や惑星などの星に焦点を当てた学問を地球惑星科学といいます。地球惑星科学では、「大気海洋」「固体地球」「惑星宇宙」という三つの分野について研究が進められています。その中でも惑星宇宙では、衛星から写真を撮ってその画像を解析する「リモートセンシング」や、その惑星の石を直接顕微鏡で観察し、模擬物質を実験室で作るなどの方法を駆使しながら宇宙の謎に迫っていきます。小さな石や宇宙の塵でさえ調査対象となり、このような小さな情報からでも宇宙や惑星のさまざまな歴史が垣間見えるのだとか。今回は、その研究の様子をお届けします。

どんな分野？

地球惑星科学が大気海洋、固体地球、惑星宇宙の三つに大別できることは先ほど述べた通りですが、この三つがどういう分野かを軽くご説明しましょう。

まず、大気海洋では、惑星を取り巻く大気や、海のことについて研究されています。毎日のニュースで何気なくみている天気予報は、この大気海洋の分野で得られた知見をもとにして予測されたものといえます。他にも海洋にまつわることでは、海流のメカニズムであったり、ニュースでも取り上げられることのある「エルニーニョ現象」のメカニズムなどを研究しています。

次に固体地球では惑星の中身などについて研究がされています。地球の内部は外側から、地殻、マントル、外核、内核となっていると言われていますが、しかし掘り進めて実際に目にすることができるのは今の技術ではせいぜい地殻までです。ではどうやって研究を進めればいいのでしょうか？　その方法の一つとして、地震が起きた時に伝わる揺れである地震波の活用があります。この地震波が地球内部を通って地球の裏側に届くまでの速度を計測し、解析していくと、内部にある物質やその性質を推定できるのです。

最後に惑星宇宙では、地球以外の惑星や宇宙のことについて研究がされています。「はやぶさ」など、惑星探査機のニュースを見たことがあるという人も多いかもしれません。この分野では惑星探査機の装置を設計する研究もされています。探査機が持ち帰ったサンプルや撮ってきた写真は研究者により調査され、惑星の特徴などが明らかになっていくのです。

宇宙の研究は生命の起源を知ることにつながるかもしれないし、地球の研究は地球で起こるさまざまな現象の解明につながるかもしれません。スケールの大きい研究でありながら、実は私たちの身近なところにも関わる研究分野だということができます。

どんな授業や研究をしている？

地球惑星科学の中でも、惑星宇宙の分野ではさまざまな研究手法が採用されています。ここからはその中でも二つの方法を厳選して紹介していきます。

一つ目は、リモートセンシングという方法です。リモートセンシングとは、衛星などの離れたところから惑星を撮影し、惑星の形状や性質などを観測する技術です。天気予報で台風が発生している画像を見たことがあるかもしれませんが、それもリモートセンシングの一種です。

写真を撮るだけなら、新しくわかることはあまりないのではないかと思った方もいるかもしれませんね。実は、撮影をする時に「分光」という処理をすることで、色々なことがわかるようになっているのです。

私たちが見ている太陽光は、いろんな色の光が集まったものです。それを示しているのが虹ですね。雨上がりに虹が出たりしますが、あれは太陽光を構成するさまざまな光の色の、水の中を通る時の曲がり具合が微妙に異なることで発生する現象なのです。分光とはこのように、複数の色が混ざっている光を、色ごとに分けていく作業のことを言います。

光を色ごとに分けると何が嬉しいのかというと、地表の岩石が含んでいる成分を特定することができるのです。これは、岩石の成分によってそれぞれの色の光を反射したり、吸収したりする度合いが異なるという性質を利用しています。

こんなふうに、衛星が撮影した写真を分光して解析することで、一つの惑星の中でも地質の違いなどを調べることができるのです。

二つ目は、岩石などのサンプルを直接調べる方法です。惑星探査機に採取してきてもらったものや、小天体が衝突した衝撃で他の惑星から飛ばされてきた岩石などが調査の対象となります。

元素記号を理科の授業で覚えたという人も多いと思いますが、その元素には「同位体」というものが存在します。同位体は、同じ元素で重さが違うもののことを指します。岩石の調査では、ある元素の同位体の比率を調べることで、その岩石がいつ頃できたのかを推測できるのです。他にも、火星から飛ばされてきた岩石の中に、水の情報が含まれていることがわかれば、昔火星に存在していた水がどんなものだったのかを明らかにもできます。

大学生が学んでいること

ここからは、惑星宇宙の中でも、惑星の起源を解明することにつながる、「宇宙の塵」についての研究の話に入ります。

どうして塵から惑星の起源がわかるのか、という理由を順に説明していきましょう。太古の昔、ビッグバンにより宇宙ができた時には、簡単な原子しか存在していませんでした。その原子が何かを構成しているわけでもなく、ただ一粒のものがフラフラしているというイメージです。そこから時は流れ、原子同士がくっついて、水素H_2をはじめとした気体ができていきました。そういった気体が高密度になったところでできたのが、初期の星です。星の中ではさまざまな元素が作り出されました。星は寿命が来ると超新星爆発を起こし、作り出した元素を宇宙にばら撒きながら消えていきます。この爆発の時に気体が凝縮されて固体になったものが、塵です。また、年老いた星から「星風」と呼ばれる風のようなものが吹くときに、気体が凝縮されることでも塵ができます。塵には鉱物などと同じ組成を持つものもあれば、炭素などを含んだものなど、さまざまな種類が存在しています。

その後、塵が集まって、惑星よりもサイズの小さい微惑星や彗星になります。微惑星や彗星はお互いにぶつかり合ったりするのですが、その時のエネルギーで溶けて、徐々に一つになっていきます。そのようにして一つになって大きくなり、固まったものが惑星になっていきます。私たちが住む地球も、一度溶けて固まったものだということができます。

ここまでを踏まえると、惑星の起源を調べるためには、溶ける前の小惑星や彗星の状態のことを知らなければなりません。さらには、小惑星や彗星になる前の塵の状態のことも調べる必要があります。そのため、塵を調べることが惑星の起源を知ることにつながるわけですね。

研究の過程では、望遠鏡で塵を観察したり、実験室で塵の模擬物質を作って顕微鏡で調べたりしていきます。模擬物質が作れるのかと驚いた方もいるかもしれませんが、そもそも塵は、気体が凝縮して固体になるというステップで生成されているので、これを再現すればいいのです。作り方は簡単で、石と同じ組成をした粉を非常な高温の炎の中に放り込んで蒸発させれば、それが凝縮して塵ができます。石が蒸発するくらいですから、想像もできないくらい高温です。このような手順で、専用の実験機器を用いて塵の模擬物質を生成するのです。

実験室で、「この成分の塵はこういう性質を持っている」ということがわかれば、望遠鏡から観測された性質をもとに、どんな塵が含まれているかを明らかにすることができます。リモートセンシングと実際にサンプルを調べる方法の両方で、宇宙の塵の謎に迫ることができるのです。

この学問を学びたい人へ

地球の奥底の様子や、宇宙に存在するさまざまな物質は、直接そこまで行って観察することはできません。性質の近い物質を実験室で作って調べたり、遠くから撮影したものを解析したり、長い時間をかけて持って帰ってきたサンプルを観察したり、さまざまなアプローチを経てやっと謎の真相に迫れるというのは、この研究の大変さであり、大きな魅力の一つでしょう。

　地球惑星科学と一口に言っても、地球のことや宇宙のことなど、いろんな研究がされています。自分の専門に限らず、さまざまな研究テーマに触れることができるため、自然や宇宙が好きな人にはおすすめの学問です。

おわりに

現役東大生たちによる学部紹介はいかがでしたか？
大学での学びについて、なんとなくでも想像できるようになったなら幸いです。

この本は、「大学生の生の声によって、大学で学ぶことの楽しさや、自分の興味について考える大切さを伝えたい」という想いから生まれました。

今まで世の中に出てきた、大学の学部を紹介する類の本は、偏差値や就職先などを重点的に紹介したものばかりで、学問についてじっくり紹介したものは多くありませんでした。そして何より、実際に大学生活を送る学生の声や、学生が学問を楽しんでいる様子について語るものはほとんどなかったと言っていいでしょう。

大学や学問の魅力について知るには、実際に大学で学んでいる学生の声を聞くのが最適なはずです。そこで私たちは、大学生が自分の学んでいることを生き生きと語る様子を伝えることで、皆さんに少しでもその魅力を知ってほしいと考えました。その成果が『13歳からの学部選び』です。この本を通して、皆さんに、大学や学問の魅力が少しでも伝わっていることを願います。

さて、皆さんの中には、「大学は人生の夏休み」という言葉を聞いたことがある人もいるでしょう。

では、なぜ大学が「夏休み」だと言われるか、考えたことはありますか？ 休みが長くてたくさん遊べるから？ 高校生までよりも自由度が増して、経験できることが増えるから？ いろいろな理由が考えられそうです。

そもそも大学とはどんな場所でしょうか？ さまざまな答えがあり得ますが、一つには「学術の中心となる場所」だと言えるでしょう。時には教員が学生を教え、また時には教員と学生が協力して研究を進めていきながら、社会のどこかを支える場所、それが大学です。

そう考えると、そこで学ぶ大学生の本分も、学問を学び、研究することにあります。もちろん、サークル活動などに力を入れたり、全国各地に旅行したりと、時間の使い方は人によってさまざまです。それでも、学び・研究を中心とする大学という場所で生活するからには、大学での学びを充実させてこそ、大学生活そのものも充実するのです。

つまり、「大学は人生の夏休み」と言われるのも、自分が勉強したいこと、研究してもっと深めたいことに好きなだけ向き合えるからだと言えるでしょう。

今回インタビューに協力してくれた大学生たちは、その分野に興味を持ったきっかけも、実際に学んでいることも全く違います。しかし、共通して言えるのは、心から学びを楽しんでいるということです。自分が学ぶ学問について楽しそうに語る様子からは、学びの場である大学での生活に充実感を覚えていることが伺えました。

しかも、彼らにはもう一つ共通点がありました。それは、自分が学ぶ学問について、自分なりに面白いと感じるポイントを持っていることです。皆さんは、自分の好きな教科・科目のどんなところが面白いと感じるか、聞かれてすぐに説明できますか？　こう聞かれた時に、「なんとなく面白いから」で終わらずに、自分なりの面白いと感じるポイントを答えるのは難しいですよね。だからこそ、それができていた今回の学生たちは、学びを楽しみ、充実した学生生活を送っているのだろうと感じました。

例えば、農学部で海洋生物学を学ぶ大学生は、「海にはプランクトンからクジラまで、いろんな形や大きさの魚が生きていて、それぞれが一番生きやすい場所で暮らしているのを知ると、自分にも生きやすい場所があるんだって勇気づけられる」と語っていました。

他にも、文学部で社会学を学ぶ大学生は、「インタビュー調査を通して、理解しにくい考えを持っている人のことをすごく理解できるようになることが貴重だと感じる」と語っていました。

皆さんも、好きな授業や自分の趣味などの中から、「なぜそれが好きか」「どんなところがどのように好きか」などと考えてみると、もっとそれが楽しめるようになり、何かの役にも立つはずです。

この本では、全部で41個の学問分野を紹介しましたが、これはまだ広大な学問の世界のほんの一部を紹介したにすぎません。皆さんは今、深く広い学術の世界の入口に立っているのです。

人それぞれ面白いと感じるポイントが違うように、今回紹介した学問でなくても、あなたに刺さるものは必ずあります。この本が、みなさんにとって心から楽しいと思える学問と出会うきっかけになれば幸いです。

東大カルペ・ディエム

東大生《とうだいせい》が教《おし》える　13歳《さい》からの学部《がくぶ》選《えら》び

二〇二三年三月二〇日　第一刷発行

著者　東大《とうだい》カルペ・ディエム

発行者　太田克史《おおたかつし》
編集担当　片倉直弥《かたくらなおや》
監修　西岡壱誠《にしおかいっせい》

アートディレクター　吉岡秀典《よしおかひでのり》（セプテンバーカウボーイ）
デザイナー　五十嵐《いがらし》ユミ
フォントディレクター　紺野慎一《こんのしんいち》
イラスト　斎藤充博《さいとうみつひろ》
校閲　鷗来堂《おうらいどう》

発行所　株式会社星海社
〒一一二-〇〇一三
東京都文京区音羽一-一七-一四　音羽YKビル四階
電話　〇三-六九〇二-一七三〇
FAX　〇三-六九〇二-一七三一
https://www.seikaisha.co.jp/

発売元　株式会社講談社
〒一一二-八〇〇一
東京都文京区音羽二-一二-二一
（販売）〇三-五三九五-五八一七
（業務）〇三-五三九五-三六一五

印刷所　凸版印刷株式会社
製本所　株式会社国宝社

ISBN978-4-06-531280-3
Printed in Japan

254
SEIKAISHA SHINSHO

234

ビジネスとしての東大受験

億を稼ぐ悪の受験ハック

黒田将臣

監修・西岡壱誠

東大生タレントがテレビやネットで大人気の今、もはや東大生は「稼げる職業」と言っても過言ではありません。そして、推薦・AO入試によって受験界が変わりつつある現在、東大合格はコツさえ摑めば実は誰でも可能です。この本では、ムダな努力をせず最速で東大に合格し、高学歴ブランドを徹底活用する「ビジネス東大合格」を指南します。これまで予備校・進学校が独占してきた一般入試を攻略する裏ワザ、未だに攻略法が確立されていない推薦・AO入試の最新ノウハウ、さらには大学のブランドで稼ぐ方法までの全てをこの一冊に詰めこみました。

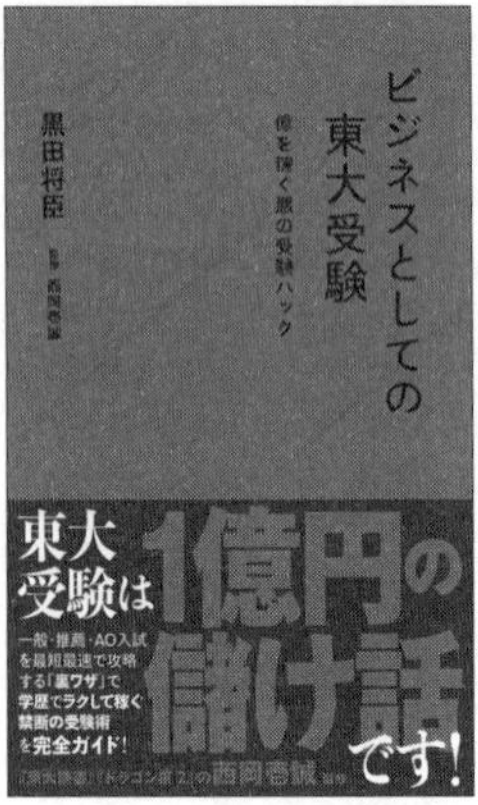

244

旅行の世界史

人類はどのように旅をしてきたのか

森貴史

人類は、旅によって未知の世界に触れることで発展してきた。はるか昔、アレクサンドロス大王の東方遠征は古代秩序を一変させ、大航海時代の冒険者たちは新大陸を発見して大陸間交易のパイオニアとなった。個人レベルでも聖地巡礼や遍歴修行、さらに近世の修学旅行というべきグランドツアーは旅行者の感受性や人格を豊かにしてきたことだろう。そして鉄道や自動車といった旅行のために用意されたテクノロジー、パックツアーやガイドブックといった旅行から派生したビジネスモデルも世界の風景を大きく変えてきた。本書は、紀元前から現代に至る旅行像の変遷を明らかにする。

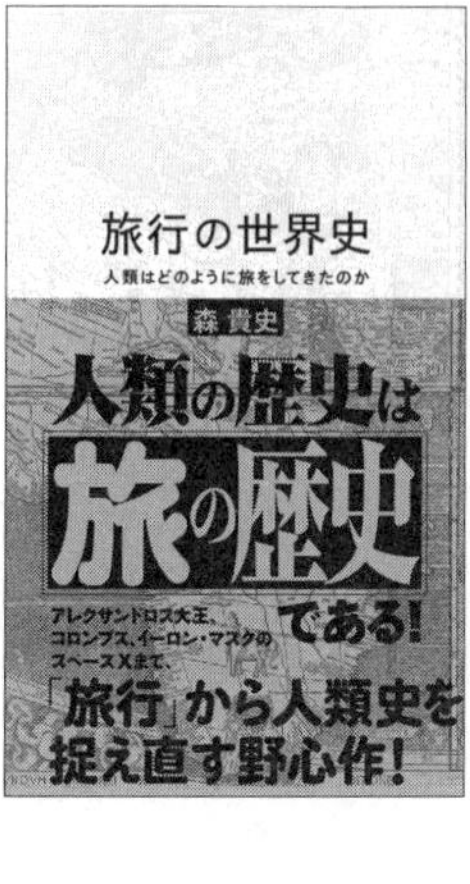

251

電力危機

私たちはいつまで高い電気代を支払い続けるのか？

宇佐美典也

現在、日本の電力事情は危機的状況にある。エネルギー不足を受けて電気代はかってなく高騰し、電力不足を告げる警報も一度ならず発出されている。日本経済の未来に大きな影響を及ぼしかねないこの惨状は、２０１１年の東日本大震災以降、具体的なビジョンなきままに進められた日本の電力改革が行き着いた必然の結果である。本書では、１世紀以上にわたり発展してきた電力産業の現在までの歩みを概観し、日本が今後直面する危機の実情を明らかにするとともに、エネルギー業界の第一線でコンサルティングを行う著者が実地で練り上げた、今こそ日本が取るべきエネルギー戦略を提案する。

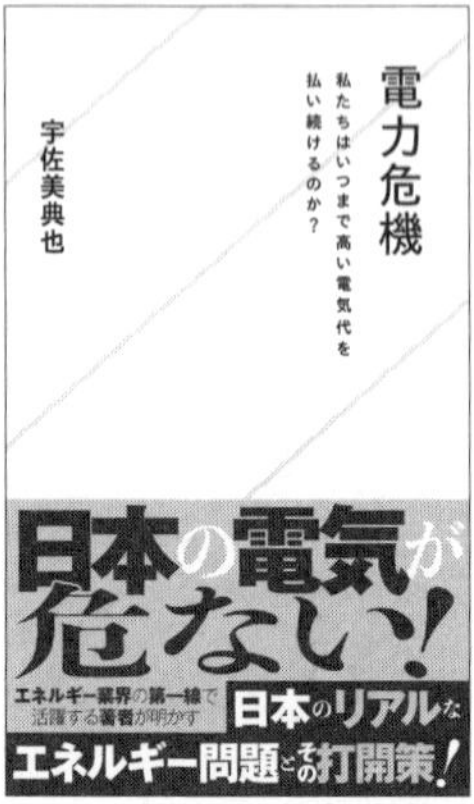

次世代による次世代のための

武器としての教養
星海社新書

星海社新書は、困難な時代にあっても前向きに自分の人生を切り開いていこうとする次世代の人間に向けて、ここに創刊いたします。本の力を思いきり信じて、みなさんと一緒に新しい時代の新しい価値観を創っていきたい。若い力で、世界を変えていきたいのです。

本には、その力があります。読者であるあなたが、そこから何かを読み取り、それを自らの血肉にすることができれば、一冊の本の存在によって、あなたの人生は一瞬にして変わってしまうでしょう。思考が変われば行動が変わり、行動が変われば生き方が変わります。著者をはじめ、本作りに関わる多くの人の想いがそのまま形となった、文化的遺伝子としての本には、大げさではなく、それだけの力が宿っていると思うのです。

沈下していく地盤の上で、他のみんなと一緒に身動きが取れないまま、大きな穴へと落ちていくのか？　それとも、重力に逆らって立ち上がり、前を向いて最前線で戦っていくことを選ぶのか？

星海社新書の目的は、戦うことを選んだ次世代の仲間たちに「武器としての教養」をくばることです。知的好奇心を満たすだけでなく、自らの力で未来を切り開いていくための〝武器〟としても使える知のかたちを、シリーズとしてまとめていきたいと思います。

2011年9月

星海社新書初代編集長　柿内芳文

SEIKAISHA SHINSHO